TABLE DES MATIÈRES

D1240059

Contagion

Les Éditions Transcontinental
TC Média Livres Inc.
5800, rue Saint-Denis, bureau 900
Montréal (Québec)
H2S 3L5
Téléphone: 514 273-1066 ou 1 800 565-5531
www.livres.transcontinental.ca

Pour connaître nos autres titres, consultez **www.livres.transcontinental.ca**. Pour bénéficier de nos tarifs spéciaux s'appliquant aux bibliothèques d'entreprise ou aux achats en gros, informez-vous au **1-855-861-2782** (faites le 2).

**Catalogage avant publication de Bibliothèque et Archives nationales du Québec
et Bibliothèque et Archives Canada**
Berger, Jonah
[Contagious. Français]
Contagion: comment se créent les tendances
Traduction de: Contagious.
Comprend des références bibliographiques.

ISBN 978-2-89472-587-0

1. Produits nouveaux. 2. Consommateurs - Comportement. 3. Popularité - Aspect économique. I. Titre.
II. Titre: Contagious. Français.

HF5415.153.B4714 2013   658.8'342   C2013-941633-1

Mise en pages: Diane Marquette
Correction: Sabine Cerboni
Conception graphique de la couverture: Ben Wiseman
Photo de l'auteur: © Deborah Feingold
Photo de la couverture: (ampoule) Dougal Waters/Getty Images et (pissenlit) Steve Wisbauer/Getty Images
Photo p. 83: Gracieuseté de California Department of Public Health.
Photo p. 86: © 2009 Ville de New York, Department of Health
and Mental Hygiene; tous droits réservés. Graphique, p. 88: À partir des données fournies par Scott Golder.
Photo p. 93: Gary S. Settles/Photo Researchers, Inc.
Impression: Marquis imprimeur – Division Gagné

Original English language edition Copyright © 2013 by Social Dynamics Group, LLC
All rights reserved including the right of reproduction in whole or part in any form. This edition published
by arrangement with the original publisher Simon and Shuster, Inc., New York.

Imprimé au Canada
© Les Éditions Transcontinental, une marque de commerce de TC Média Livres Inc., 2013,
pour la version française publiée en Amérique du Nord.
Dépôt légal – Bibliothèque et Archives nationales du Québec, 3ᵉ trimestre 2013
Bibliothèque et Archives Canada

Les Éditions Transcontinental remercient le gouvernement du Québec – Programme de crédit d'impôt
pour l'édition de livres – Gestion SODEC.
Nous reconnaissons l'aide financière du gouvernement du Canada par l'entremise du Fonds du livre
du Canada pour nos activités d'édition. Nous remercions également la SODEC de son appui financier
(programmes Aide à l'édition et Aide à la promotion).

JONAH BERGER

Contagion

Traduit de l'anglais (États-Unis) par Danielle Charron

Les Éditions
Transcontinental

INTRODUCTION

Lorsque Howard Wein arriva à Philadelphie en mars 2004, il avait déjà beaucoup d'expérience dans l'industrie hôtelière. À titre de directeur de la division des aliments et boissons de la chaîne Starwood Hotels, ce titulaire d'un MBA spécialisé en gestion hôtelière avait géré des recettes qui se chiffraient à quelques milliards de dollars et participé au lancement de W, la nouvelle filiale de Starwood. Mais il en avait assez du « gros bizness ». Il avait très envie d'ouvrir un petit restaurant. Il avait donc déménagé ses pénates à Philly pour contribuer à la création et au lancement d'un nouveau petit *steakhouse** haut de gamme, Barclay Prime.

Le concept était simple : Barclay Prime allait offrir la meilleure expérience qui soit en matière de grillades. Situé dans la partie la plus branchée du centre-ville de Philadelphie, le restaurant donne sur une entrée dallée de marbre avec éclairage tamisé. À l'intérieur, les tables, en marbre elles aussi, ne sont pas entourées de banales chaises, mais de luxueux fauteuils. Les clients peuvent également s'installer à un bar à huîtres bien garni offrant entre autres du caviar de Russie. Au menu, on retrouve quelques mets fins comme de la purée de pommes de terre à

---

* NDT : Restaurant spécialisé dans les grillades. Sauf exception, toutes les notes de bas de page sont de la traductrice.

l'huile de truffes et du flétan pêché à la ligne la veille et expédié directement d'Alaska.

Mais Wein savait que pour réussir, il ne lui suffirait pas d'offrir nourriture et atmosphère de qualité. Les restaurants sont passés maîtres dans l'art de fermer prématurément leurs portes. Environ un sur quatre fait faillite moins de 12 mois après son ouverture, tandis que c'est le cas de 60 % d'entre eux au bout de trois ans d'existence[1].

Il y a plusieurs raisons à cela. Les dépenses sont élevées : tout coûte cher dans le domaine de la restauration, depuis les aliments jusqu'à la main-d'œuvre. Et la concurrence est féroce. Chaque nouveau bistro américain qui ouvre ses portes dans une grande ville américaine se retrouve avec deux concurrents dans le même quartier.

De plus, comme c'est le cas de la plupart des petites entreprises, les restaurants ont un énorme défi à relever en matière de notoriété. Faire savoir qu'un nouveau restaurant a ouvert ses portes – voire, qu'il vaut la peine d'aller y manger – n'est pas une sinécure. Et en général, ces établissements, n'ont pas beaucoup de ressources à consacrer à la publicité et au marketing. Leur succès dépend beaucoup du bouche à oreille.

Wein savait qu'il devait faire parler de son restaurant. Les steakhouses coûteux abondaient à Philadelphie, et Barclay Prime devait sortir du lot. Mais qu'est-ce qui le rendrait unique ? De quoi pourraient bien parler les gens ?

Wein pensa alors à offrir au menu du Barclay Prime un cheesesteak à 100 $.

À Philadelphie, le cheesesteak est un classique qu'on trouve dans n'importe quel petit bouiboui pour 4 ou 5 $. Ce n'est pas un mets compliqué à préparer. Il suffit de hacher du steak, de le faire griller, de le balancer sur un long pain à sandwich et d'y faire fondre du fromage Provolone ou une préparation de fromage (de type Cheez Whiz). C'est délicieux, mais ce n'est certainement pas de la gastronomie.

Wein se dit qu'il pourrait créer l'événement en hissant ce modeste mets au rang de fine cuisine et en y attachant un prix à l'avenant. Son cheesesteak était fait à partir de bœuf Kobe finement tranché, attendri à la perfection, servi sur un pain brioché maison tartiné d'une moutarde maison aussi, recouvert d'oignons caramélisés, de tranches de tomates pelées d'une variété ancienne et de fromage Taleggio triple crème, et accompagné de truffes noires cueillies à la main et de chair de homard du Maine pochée au beurre. Pour ajouter l'outrage à l'audace, le tout était offert avec une demi-bouteille de Veuve Clicquot bien froide.

La réaction du public fut prodigieuse.

Les gens voulaient non seulement goûter au fameux sandwich, mais en parler à leur entourage. Un client suggéra même de le commander en entrée «de façon à être le premier à pouvoir raconter les histoires absurdes». Un autre déclara qu'il était «franchement indescriptible». En combinant tous ces merveilleux ingrédients, ajouta-t-il, on ne risquait pas d'obtenir autre chose que de la qualité. «En fait, conclut-il, c'est comme manger de l'or[2].» En effet, compte tenu du prix du sandwich, c'était presque aussi cher que de manger de l'or, mais c'était autrement délicieux.

Wein avait créé non seulement un nouveau cheesesteak, mais un sujet de conversation.

Le cheesesteak à 100 $ pièce a beaucoup fait parler de lui. Quiconque a eu la chance de manger au Barclay Prime a quelque chose à dire sur le fameux sandwich qu'il l'ait commandé ou non. Même les gens qui n'ont jamais mis les pieds au Barclay Prime adorent en parler. *USA Today*, *Wall Street Journal* et d'autres médias en ont fait leurs choux gras. Un segment de l'émission *Best Food Ever* de la chaîne Discovery* portait sur le sandwich. De passage à Philadelphie, David Beckham en a commandé un. Et David Letterman** a invité le chef du restaurant à lui en cuisiner un dans le cadre de son émission *The Late Show*. Tout ce bruit pour ce qui, au final, n'est qu'un sandwich.

---

* Chaîne de télévision américaine qui présente des documentaires sur l'histoire, la science, la technologie, l'art de vivre.

** Animateur vedette d'un talk-show de fin de soirée diffusé en direct sur la chaîne américaine CBS.

Cet engouement a porté ses fruits. Barclay Prime a ouvert ses portes il y a presque dix ans. Non seulement le restaurant a-t-il survécu, mais contre toute attente, il a pris de l'expansion. Il a remporté différents prix, et bon an mal an, il est désigné comme l'un des meilleurs steakhouses de Philadelphie. Mais par-dessus tout, Barclay Prime est devenu tendance.

LA CRÉATION DES TENDANCES

Beaucoup d'idées et de produits deviennent tendance : les bracelets jaunes Livestrong, le yogourt grec sans gras, la méthode de gestion Six Sigma, l'anti-tabagisme, les régimes South Beach, Atkins, faibles en gras et en hydrates de carbone. Le même phénomène se produit à l'échelle locale : tel gymnase deviendra l'endroit où aller s'entraîner, telle église ou synagogue deviendra en vogue, telle cause ralliera tous les résidents.

Ce sont là des exemples d'épidémies sociales, des cas où les produits, les idées et les comportements se répandent au sein de la population. Tout commence par quelques personnes – ou organisations – avant de se propager, souvent par le bouche à oreille, à la manière d'un virus. Un virus qui peut parfois pousser les gens à commettre des folies et à dépenser des fortunes, comme l'a montré l'histoire du cheesesteak à 100 $ du Barclay Prime.

Si l'on n'a aucune difficulté à relever les exemples de contagion sociale, il est beaucoup plus ardu d'en démarrer une. Peu de produits deviennent populaires et ce, malgré tout l'argent qu'on peut dépenser en marketing et en publicité pour les faire connaître. La plupart des restaurants font faillite, la plupart des entreprises font à peine leurs frais et la plupart des mouvements sociaux n'attirent que peu d'adeptes[3].

Pourquoi certains produits, idées et comportements triomphent-ils, alors que d'autres n'y arrivent pas ?

Cela s'explique d'abord par le fait que certains produits, idées et comportements sont tout simplement meilleurs que les autres. On a tendance à consulter les sites Web où l'on navigue plus facilement, à prendre des médicaments plus efficaces, à adhérer à des théories scientifiques fiables. Bref, les gens adoptent généralement les choses qui fonctionnent mieux. Rappelez-vous à quel point les téléviseurs et les écrans d'ordinateur étaient encombrants il y a plusieurs années. Ils étaient tellement lourds et volumineux qu'il fallait se mettre à plusieurs pour les déplacer (sinon c'était le lumbago assuré). L'une des raisons pour lesquelles les écrans plats les ont supplantés est que ceux-ci sont tout simplement de meilleure qualité. Non seulement ils offrent une meilleure image, ils sont moins lourds. Pas étonnant qu'ils soient devenus populaires.

Le prix compte également. De façon générale, les gens préfèrent débourser moins, ce qui n'a rien d'étonnant. Entre deux produits très semblables, le moins cher emportera souvent la faveur du public. Si une entreprise diminue ses prix de moitié, ses ventes ne s'en porteront que mieux.

Enfin, la publicité a son rôle à jouer. Pour pouvoir acheter un produit, les gens doivent savoir qu'il existe. Les entreprises et les organismes sont donc portés à penser que plus ils dépenseront en publicité, plus leurs produits ou idées auront de chance de devenir populaires. Vous souhaitez que les gens mangent davantage de légumes? Vous aurez plus de chance d'atteindre votre but si vous passez plus d'annonces dans le journal.

Mais si la qualité, le prix et la publicité contribuent au succès des produits et des idées, ils n'expliquent pas tout.

Prenez les prénoms Olivia et Rosalie. De par ses racines étymologiques latines, le premier évoque la fertilité, la beauté et la paix (olivia = olivier), tandis que le second est associé à la rose. Ce sont deux très jolis prénoms qui ont le même nombre de syllabes, se terminent par une voyelle et donnent lieu à de mignons surnoms. De fait, aux États-Unis, des milliers de parents prénomment chaque année leurs bébés Olivia et Rosalie.

Pourtant, Olivia est un nom beaucoup plus populaire. En 2010, par exemple, près de 17 000 Olivia sont nées aux États-Unis, contre seulement 492 Rosalie. En fait, bien que ce dernier ait été assez populaire dans les années 1920, il n'a jamais atteint la gloire que le prénom Olivia a connue récemment.

Lorsqu'on essaie d'expliquer ce phénomène, on ne peut invoquer les raisons habituelles (qualité, prix, publicité). Un prénom ne peut être « meilleur » qu'un autre, les deux ne coûtent rien et aucune campagne publicitaire n'a été mise en branle pour que les gens nomment leur fille Olivia.

On peut en dire autant des vidéos sur YouTube. Elles sont toutes gratuites et peu d'entre elles bénéficient de publicité ou de marketing. Et bien que certaines soient de meilleure qualité sur le plan de la production, la plupart de celles qui deviennent virales[4] sont floues et ont été filmées par des amateurs au moyen d'une caméra bon marché ou même d'un téléphone cellulaire.

Donc, si ni la qualité, ni le prix, ni la publicité n'expliquent la popularité d'un prénom ou d'une vidéo sur YouTube, qu'est-ce qui l'explique ?

L'influence sociale et le bouche à oreille.

LA TRANSMISSION SOCIALE

Les gens adorent échanger des anecdotes, s'informer les uns les autres, se donner des nouvelles. Ils parlent à leurs amis de magnifiques destinations de vacances, à leurs voisins des aubaines à ne pas rater, à leurs collègues d'éventuelles mises à pied. Ils écrivent des critiques en ligne sur les films qu'ils ont vus, ils répandent des rumeurs sur Facebook, et ils tweetent les recettes qu'ils viennent d'essayer. En général, on échange plus de 16 000 mots par jour[5] et il y a plus de 100 millions de conversations à l'heure sur les marques commerciales[6].

Le bouche à oreille a beaucoup d'impact. Nos pensées, nos lectures, nos actions et nos achats sont influencés par ce qu'on nous dit de vive voix, dans des courriels ou dans des textos. Nous consultons les sites Web que nos voisins nous recommandent, nous lisons les livres que nos parents vantent et nous votons pour les candidats que nos amis approuvent[7]. Le bouche à oreille est ce qui motive 20 à 50 % de nos décisions d'achat[8].

L'influence sociale joue donc un rôle considérable dans la popularité des produits, des idées et des comportements. Si un seul nouveau client parle en bien d'un restaurant, les recettes de celui-ci augmenteront de presque 200 $[9]. Une critique de cinq étoiles sur Amazon.com fait vendre une vingtaine de livres de plus qu'une critique d'une seule étoile[10]. Un médecin est plus susceptible de prescrire un nouveau médicament s'il sait que ses collègues le font[11]. Les gens imitent souvent leurs amis lorsque ceux-ci cessent de fumer ou prennent du poids[12]. En réalité, bien que la publicité traditionnelle soit toujours utile, le bouche à oreille est au moins dix fois plus efficace[13].

Il y a deux raisons à cela. Premièrement, le bouche à oreille est plus convaincant. La publicité vante les produits. Qui n'a pas entendu dire que neuf dentistes sur dix recommandaient Crest ou que seul Tide pouvait venir à bout des taches les plus tenaces? Or, c'est justement parce que les publicités soutiennent toujours que leurs produits sont meilleurs que les autres qu'elles ne sont pas vraiment fiables.

En revanche, un ami a tendance à être franc quand il parle d'un produit. S'il pense que Crest est efficace, il le dira, mais s'il trouve que ce dentifrice a mauvais goût ou qu'il ne blanchit pas les dents, il le dira aussi. On fait davantage confiance à nos amis parce qu'en plus d'être francs, ils sont objectifs.

Deuxièmement, le bouche à oreille est plus ciblé. Lorsqu'elles font de la publicité, les entreprises investissent des sommes considérables pour tenter de rejoindre le plus grand nombre de consommateurs intéressés. Pour éviter de perdre de l'argent, un fabricant de skis, par exemple, ne diffusera pas d'annonces pendant le journal télévisé de fin de soirée, car la plupart des téléspectateurs de ce type d'émission ne font pas de ski. Il optera plutôt pour de la publicité imprimée dans un magazine spécialisé ou au verso des billets de remonte-pente d'un centre de ski populaire. Certes, il rejoindra alors beaucoup de skieurs, mais probablement qu'il gaspillera encore de l'argent, car plusieurs d'entre eux n'auront pas besoin de nouveaux skis.

Par le bouche à oreille, on n'ira certainement pas recommander un produit ou transmettre une information à tous les gens qu'on connaît. On va plutôt faire une sélection, en s'abstenant par exemple de parler des nouveaux skis sur le marché à un ami qui déteste skier ou de la meilleure façon de changer de couche à un ami qui n'a pas d'enfants. Le bouche à oreille se fait naturellement entre gens intéressés au sujet en question. Pas étonnant que les consommateurs qui dépensent le plus, achètent le plus rapidement et sont généralement plus rentables pour les marchands sont ceux qui suivent les recommandations de leurs amis[14].

Voici un exemple qui démontre à quel point le bouche à oreille permet de mieux cibler la clientèle. De temps à autre, un éditeur m'envoie à titre gracieux un livre sur le marketing. Il espère ainsi que j'en recommanderai la lecture à mes étudiants (et que, du coup, il en vendra plusieurs exemplaires).

Il y a quelques années, un éditeur s'y est pris autrement. Il m'a envoyé deux exemplaires du même ouvrage.

Il n'était certainement pas question que je lise le second exemplaire une fois la lecture du premier terminée. De fait, dans une note où il m'expliquait en quoi, selon lui, cet ouvrage serait pertinent pour mes étudiants, l'éditeur me suggérait d'en faire cadeau à un collègue intéressé par le sujet.

Plutôt que de faire un envoi massif, l'éditeur a entraîné tous ceux à qui il a envoyé son ouvrage en double, à cibler sa clientèle à sa place. Et à la manière d'un projecteur, chaque destinataire a parcouru son réseau social afin de trouver la personne pour laquelle le livre serait le plus pertinent et le lui a offert.

LE DÉFI DU BOUCHE À OREILLE

Ce qu'il y a de mieux dans le bouche à oreille, c'est qu'il s'agit d'une stratégie accessible à tous : depuis les entreprises du *Fortune 500,* qui essaient d'augmenter leurs ventes, aux nouveaux politiciens qui désirent se faire élire, en passant par les restaurants qui veulent remplir leurs tables, les organismes sans but lucratif qui défendent leurs causes et les sociétés qui font du commerce interentreprises. Le bouche à oreille fait démarrer les tendances. Et ce genre de publicité ne nécessite pas des investissements qui se chiffrent en millions de dollars. Juste des gens qui parlent.

Mais provoquer le bouche à oreille est tout un défi.

Tant les jeunes entreprises que les jeunes actrices considèrent les médias sociaux comme la voie de l'avenir. Facebook, Twitter, YouTube, etc. sont vus comme des moyens pour séduire tant les fans que les consommateurs. Les fabricants de produits y affichent des pubs, les musiciens qui aspirent au succès mettent des vidéos en ligne et les petites entreprises annoncent leurs aubaines. Tous sont entraînés pêle-mêle par le buzz marketing et croient que leurs produits ou idées deviendront immédiatement populaires si, tels des virus, ils réussissent à se répandre dans les réseaux sociaux.

Mais cette approche présente deux problèmes.

Pour vous permettre de comprendre le premier, je commencerai par vous faire faire un petit quiz. Selon vous, quel pourcentage du bouche à oreille se fait en ligne, c'est-à-dire par les médias sociaux, les blogues, le courriel et les forums de discussion ?

La plupart des gens estiment que 50 à 60 % du bouche à oreille se fait en ligne. Certains vont même jusqu'à suggérer 70 %. Mais après avoir posé cette question à des centaines d'étudiants et de cadres d'entreprises, j'en arrive à une moyenne d'environ 50 %.

C'est une proportion qui est sensée. Après tout, les médias sociaux ont explosé dernièrement. Des millions de personnes les utilisent chaque jour, et des milliards de nouvelles y sont échangées chaque mois[15]. Ces technologies permettent effectivement à quelqu'un de faire connaître du contenu rapidement et facilement à un grand nombre de personnes.

Mais ce n'est pas la moitié du bouche à oreille qui se fait en ligne.

Loin de là.

En réalité, selon le groupe de recherche Keller Fay, seulement 7 % du bouche à oreille se fait en ligne. Pas 47 %, pas 27 %, 7 %[16].

La plupart des gens sont extrêmement surpris d'entendre cela. «Allons donc, s'écrient-ils. Les gens passent énormément de temps en ligne!» C'est vrai, ils y passent près de deux heures par jour selon certaines estimations[17]. Mais on oublie qu'ils passent aussi beaucoup de temps hors ligne. Plus de huit fois plus, en réalité. Ce qui crée beaucoup d'occasions pour les conversations réelles.

On surestime le bouche à oreille virtuel parce qu'il est visible. Les médias sociaux archivent tous les clips, commentaires et autres formes de contenu qu'on échange en ligne. D'où l'impression d'abondance. On oublie les conversations hors ligne parce qu'on ne peut pas facilement en tenir le compte. Il n'existe aucune archive de la conversation qu'on a eue avec Suzanne après le déjeuner ou avec Jean pendant qu'on attendait les enfants après la partie de hockey. Ce genre de conversations a beau passer inaperçu, il a un impact important sur le comportement humain.

Par ailleurs, on pense que le bouche à oreille virtuel permet de rejoindre plus de gens. C'est *possible,* car en moyenne une mise à jour de statut sur Facebook, ou un tweet, est envoyée à plus d'une centaine de personnes[18], tandis que les conversations réelles se déroulent en tête-à-tête ou au sein de petits groupes. Mais ce ne sont pas tous les destinataires des messages diffusés par Facebook et Twitter qui en prennent connaissance. Les gens sont submergés de messages en ligne et ils ne les lisent pas tous. Un rapide sondage mené auprès de mes étudiants m'a appris que moins de 10 % de leurs amis Facebook répondaient aux messages qu'ils affichaient. La plupart des tweets rejoignent un auditoire encore plus restreint. Certes, les conversations en ligne *peuvent* réunir des groupes beaucoup plus vastes, mais étant donné que les conversations hors ligne peuvent être beaucoup plus approfondies, il n'est pas certain que les médias sociaux constituent le véhicule idéal pour exploiter pleinement le bouche à oreille.

Le premier problème issu du battage autour des médias sociaux peut se résumer comme suit: les gens ont tendance à ignorer l'importance du bouche à oreille hors ligne, même si ce genre de conversations est plus répandu et a potentiellement plus d'impact que les conversations en ligne[19].

Le second problème repose sur le fait qu'on prend Facebook et Twitter pour des stratégies alors que ce ne sont que des technologies. Le marketing par bouche à oreille n'est efficace que si les gens parlent. Si personne ne transmet les tweets sur les pratiques sexuelles sans risques que

les responsables des organismes de santé publique envoient quotidiennement, leur campagne de sensibilisation échouera. Ce n'est pas parce
qu'on crée une page Facebook ou qu'on utilise Twitter que les autres le
remarqueront ou en parleront. Et la moitié des vidéos sur YouTube
sont visionnées moins de 500 fois. Seule une infime fraction (un tiers
de 1 %) atteint le million de visionnements[20].

Pour exploiter pleinement le pouvoir du bouche à oreille en ligne ou
hors ligne, il faut comprendre pourquoi les gens parlent et pourquoi
certains sujets sont plus populaires que d'autres. Il faut tâter de la psychologie de l'échange, de la science de la transmission sociale.

La prochaine fois que vous bavarderez avec un ami dans une fête ou
que vous irez manger un morceau avec un collègue, prêtez attention à
vos sujets de conversation. Peut-être que vous parlerez d'un nouveau
film à l'affiche, des rumeurs qui circulent à propos d'une connaissance
commune, de vos vacances, du nouveau-né d'un de vos collègues, de la
chaleur inhabituelle qu'il fait pour ce temps de l'année.

Pourquoi avez-vous parlé de ce dont vous avez parlé ? Vous auriez pu
parler de n'importe quoi d'autre. Les sujets de conversation ne
manquent pas. Pourquoi ce film, cette anecdote, ce collègue particulier
plutôt qu'un autre ?

Certaines histoires sont plus contagieuses et certaines rumeurs plus infectieuses que d'autres. Certains messages deviennent viraux tandis que
d'autres sont tués dans l'œuf. Certains produits font parler d'eux, tandis
que d'autres tombent dans l'oubli. Pourquoi ? Qu'est-ce qui fait en sorte
qu'on parle davantage de certains produits, idées, comportements ?

C'est ce que je tente d'expliquer dans ce livre.

L'essentiel du bouche à oreille : le message

Intuitivement, on croit que pour provoquer le bouche à oreille, il faut les
bonnes personnes, des personnes influentes. Ainsi, dans *Le point de bascule* (Les Éditions Transcontinental 2003, 2012), Malcolm Gladwell
soutient que les épidémies sociales sont le fait d'une poignée de gens ex-
ceptionnels qu'il a baptisés « mavens », connecteurs et vendeurs[21]. D'autres

auteurs suggèrent que 10 % des Américains disent au reste de la population pour qui voter, où manger et quoi acheter[22]. Les spécialistes du marketing dépensent des millions de dollars à essayer de dénicher ces soi-disant leaders d'opinion afin de les convaincre d'adopter leurs produits, tandis que les organisateurs de campagnes politiques font des pieds et des mains pour qu'ils soient de leur côté.

On suppose que tout ce que ces gens spéciaux toucheront se transformera en or, que s'ils adoptent ou parlent d'un produit ou d'un concept, il deviendra populaire.

Mais on a tort. S'il est vrai qu'il existe des gens qui sont vraiment convaincants et qui ont plus d'amis que la moyenne, cela ne les rend pas pour autant plus aptes à transmettre de l'information ou à créer des virus sociaux[23]. De plus, si on se concentre trop sur le messager, on néglige un élément plus important du processus : le message.

Nous connaissons tous des gens qui n'ont pas leur pareil pour raconter des blagues. À tout coup, leur auditoire se tord de rire. Mais certaines blagues sont tellement drôles que peu importe qui les racontera, elles taperont dans le mille. Le contenu contagieux suit le même principe : s'il est intrinsèquement viral, il se répandra, peu importe qui en parlera. Dans ce cas, peu importe que le messager soit persuasif ou non, ou qu'il ait dix ou dix mille amis.

De quoi sont faits les messages qu'on ne peut s'empêcher de transmettre ?

Selon les gourous des médias sociaux et les adeptes du bouche à oreille, le potentiel viral est complètement aléatoire ; autrement dit, il est impossible de prédire si un message sera ou non transmis à beaucoup de gens. D'autres estiment que l'humour ou le « facteur mignon » est un ingrédient clé des virus. Ils en veulent pour preuve la popularité sur YouTube des vidéos drôles ou charmantes qui impliquent la participation de bébés ou de chatons.

Mais ces « théories » ne tiennent pas compte du fait que beaucoup de vidéos drôles ou mignonnes ne sont jamais devenues populaires. Les vidéos de chats visionnées des millions de fois constituent en fait l'exception qui confirme la règle. La plupart ne sont regardées que quelques douzaines de fois.

En fait, c'est un peu comme si vous pensiez qu'en troquant votre prénom pour Bill vous deviendrez célèbre étant donné que Bill Clinton, Bill Gates et Bill Cosby le sont. Voilà un beau sophisme. En relevant certaines caractéristiques de quelques concepts et produits viraux, les gens oublient qu'elles se retrouvent également dans ceux qui n'ont jamais attiré l'attention de qui que ce soit. Pour comprendre parfaitement ce qui pousse les gens à parler des concepts et produits, il faut non seulement examiner ceux qui ont réussi, mais aussi ceux qui ont échoué, et parmi leurs caractéristiques lesquelles sont associées au succès.

LE POTENTIEL DE CONTAGION

À ce stade de votre lecture, vous trouvez peut-être qu'il est fantastique de savoir que certains produits et concepts sont plus contagieux que d'autres. Mais en même temps, vous vous demandez sans doute s'ils le sont de manière intrinsèque ou au contraire s'il est possible de rendre n'importe quoi contagieux.

Les téléphones intelligents sont plus excitants que les déclarations de revenus, les chiens qui parlent, plus intéressants que la réforme du système judiciaire, et les films hollywoodiens plus captivants que les grille-pain et les mélangeurs.

Est-ce à dire que, du point de vue de la contagion sociale, certains fabricants et concepteurs sont plus talentueux que d'autres ? Voici un cas qui contribuera à répondre à cette question.

L'histoire de Blendtec

Tom Dickson se cherchait un nouvel emploi[24]. La religion (mormone) avait amené ce natif de San Francisco jusqu'à Salt Lake City où il s'était inscrit à la Brigham Young University. Après avoir obtenu son diplôme d'ingénieur en 1971, il rentra chez lui, mais eut de la difficulté à dénicher un emploi. La seule entreprise qui lui offrait un poste fabriquait des stérilets. Or, non seulement ces dispositifs aidaient-ils à prévenir les grossesses, mais ils pouvaient aussi provoquer des avortements, ce qui allait à l'encontre des croyances religieuses de Tom. Il était impensable qu'un mormon contribue au développement de nouvelles méthodes de régulation des naissances. Il devait faire autre chose pour gagner sa vie.

Tom aimait bien cuire son propre pain. Mais il n'était pas satisfait des moulins à farine abordables qu'il trouvait sur le marché. Mettant ses compétences d'ingénieur à l'œuvre, il fabriqua donc, à partir d'un moteur d'aspirateur à 10 $, un appareil maison qui lui permit non seulement de broyer des grains de céréales, mais d'obtenir à bien meilleur prix une farine plus fine que ne le faisait n'importe quel autre moulin du commerce.

L'invention de Tom était tellement efficace qu'il se mit à en fabriquer commercialement. Ses affaires allaient rondement. Touchant à différentes méthodes de traitement des aliments, il finit par s'intéresser aux mélangeurs. Il revint bientôt en Utah pour démarrer son entreprise de fabrication de mélangeurs. Il produisit son premier mélangeur en 1995 et fonda Blendtec en 1999[25].

Ce produit avait beau être fantastique, il n'était pas vraiment connu. Aussi, en 2006, Tom engagea-t-il George Wright, un autre diplômé de la Brigham Young University, à titre de directeur marketing. Plus tard, George révélerait en riant que le budget marketing de son précédent employeur dépassait le chiffre d'affaires annuel de Blendtec.

George ne travaillait que depuis quelques jours chez Blendtec lorsqu'il remarqua un tas de sciure sur le sol de l'usine, ce qui l'étonna puisque aucune construction n'était en cours. Il découvrit que Tom était à l'origine de ce mystère. Comme il le faisait chaque jour, le chef de l'entreprise testait la durabilité et la puissance de ses mélangeurs en les bourrant de gros morceaux de bois qu'il réduisait ensuite en poudre.

C'est ce qui donna une idée à George et rendit les mélangeurs de Tom célèbres.

George utilisa son modeste budget de 50 $ (pas 50 millions ni même 50 000 $) pour acheter des billes, des balles de golf, un râteau et une blouse blanche de celles que portent les scientifiques. Il demanda à Tom d'enfiler la blouse, l'installa avec un mélangeur devant une caméra et l'invita à tester son appareil en tentant de réduire des billes en poudre. Il ne s'agissait pas de pseudo-billes en plastique ou en argile, mais de véritables billes en verre. Tellement solides qu'elles résistaient au poids d'une automobile.

Tom versa une cinquantaine de billes dans le mélangeur et le mit en marche. Les billes rebondirent furieusement sur les parois de l'appareil, en faisant un vacarme d'enfer.

Au bout d'une quinzaine de secondes, il arrêta le mélangeur et souleva prudemment le couvercle de l'appareil. Une fumée blanche s'en échappa. C'était tout ce qui restait des billes : une fine poudre de verre qui ressemblait à de la farine. Non seulement le mélangeur n'était pas brisé, il s'avérait d'une solidité sans égale. À leur tour, les balles de golf furent pulvérisées et le râteau réduit en éclats. George afficha les vidéos sur YouTube et croisa les doigts.

Son intuition lui donna raison. Estomaqués, les gens raffolèrent des vidéos. Ils n'en revenaient pas de la puissance de l'appareil qu'ils qualifièrent d'« extrêmement génial » et décrivirent comme le « nec plus ultra du mélangeur ». Certains n'en croyaient pas leurs yeux, d'autres se demandaient quel autre objet pourrait être broyé. Un disque dur d'ordinateur ? Une épée de samouraï ?

En une semaine, la vidéo fut visionnée à 6 millions de reprises. Tom et George avaient lancé une véritable épidémie.

Tom continua de mettre toutes sortes de choses dans son mélangeur – depuis des briquets Bic jusqu'à des consoles de jeu, en passant par des bâtons lumineux, des CD de Justin Bieber et même un iPhone[26] – et George continua de le filmer. Non seulement tous ces objets furent-ils bel et bien démolis, mais la série vidéo qui découla de l'expérience, intitulée *Will It Blend?*, fut visionnée 300 millions de fois. Et en deux ans, les ventes de Blendtec augmentèrent de 700 %. À noter que les frais de production de chaque vidéo ne totalisaient que quelques centaines de dollars et qu'au départ, le produit en question, un simple mélangeur, n'avait certainement pas l'étoffe d'un produit viral.

Ce qu'il faut retenir de cette histoire, c'est que les produits et concepts ne possèdent pas un potentiel de contagion prédéterminé. Au contraire, la contagion sociale se crée.

Et c'est tant mieux.

Certains concepteurs ont de la chance. Leurs idées ou projets suscitent naturellement l'engouement des masses. Mais comme le cas de Blendtec le montre, même les produits les plus ennuyeux peuvent devenir contagieux si on s'y prend de la bonne façon pour provoquer le bouche à oreille à leur sujet.

Dès lors, comment fabriquer des objets ou élaborer des concepts qui feront parler d'eux ?

L'ÉTUDE DE L'INFLUENCE SOCIALE

Le parcours qui m'a amené à étudier les épidémies sociales est loin d'être rectiligne. Mes parents ne croyaient aux bienfaits ni des bonbons ni de la télé pour leurs enfants, et leurs récompenses étaient plutôt de nature éducative. Je me souviens avoir déjà reçu comme cadeau de Noël un livre d'énigmes logiques qui m'a tenu occupé pendant des mois. Ce genre d'expériences m'a permis de cultiver un intérêt pour les sciences et les mathématiques. Après avoir travaillé sur un projet de recherche en hydrologie urbaine (comment la composition d'un cours d'eau influence sa forme) à l'école secondaire, je suis entré à l'université avec l'intention de devenir ingénieur en environnement.

Or, un jour, pendant que j'assistais à un cours de science, je me suis demandé si on ne pourrait pas utiliser les mêmes outils pour étudier les phénomènes sociaux complexes. J'avais toujours aimé observer les gens, et les rares fois où j'avais regardé la télévision, j'avais préféré les publicités aux émissions. Plutôt que de réfléchir de façon abstraite aux raisons qui sous-tendent les comportements humains, je pourrais mettre la méthode scientifique en application. Autrement dit, je pourrais me servir des outils de recherche propres à la biologie et à la chimie pour comprendre l'influence sociale et la communication humaine.

Je me suis donc inscrit à des cours de psychologie et de sociologie, et j'ai participé à des études sur les différentes modalités de la perception humaine. À peu près à la même époque, ma grand-mère m'a fait parvenir la critique d'un ouvrage qui venait de paraître et qui, pensait-elle, pourrait m'intéresser : *Le point de bascule.*

J'ai adoré ce livre et lu tout ce qui pouvait se rapporter au sujet dont il traitait. Mais un aspect m'agaçait : les idées qu'il renfermait, quoique extraordinairement efficaces, étaient surtout descriptives. On y dépeint le phénomène des épidémies sociales sans l'expliquer, et les comportements humains déclencheurs n'y sont pas examinés. J'ai donc décidé d'étudier ces questions.

En réalité, j'y ai passé les dix dernières années de ma vie, dont les plus récentes en tant que professeur de marketing à la Wharton School de l'Université de Pennsylvanie. J'ai décroché mon diplôme de doctorat et découvert quelques réponses.

Aidé de nombreux collaborateurs, j'ai notamment examiné :

• Pourquoi certaines vidéos sur YouTube ou certains articles du *New York Times* deviennent viraux.

• Pourquoi certains produits font parler davantage d'eux.

• Pourquoi certains messages politiques se répandent comme des traînées de poudre.

• Quand et pourquoi certains prénoms deviennent à la mode ou tombent dans l'oubli.

• Quand certaines publicités négatives augmentent ou diminuent les ventes.

Nous avons analysé des centaines de prénoms donnés aux nouveau-nés, des milliers d'articles du *New York Times* et des millions de processus d'achat de voitures. Nous avons passé des milliers d'heures à collecter, coder et disséquer des marques, des vidéos sur YouTube, des légendes urbaines, des critiques de produits et des conversations dans le but de comprendre l'influence sociale et la popularité.

Il y a quelques années, j'ai commencé à donner un cours intitulé *Contagious* à Wharton. Il était basé sur un simple postulat: que l'on œuvre en marketing, en politique, en génie ou en santé publique, on doit absolument comprendre comment les idées et les produits deviennent populaires. En effet, les managers de marques veulent que leurs produits suscitent l'engouement. Les politiciens veulent que leurs idées se répandent dans toute la population. Les fonctionnaires du ministère de la Santé veulent que les gens cuisinent plutôt que de se laisser tenter par la malbouffe. Des centaines d'étudiants, de titulaires de MBA et de cadres ont suivi ce cours, et ont appris comment les produits, les idées et les comportements deviennent viraux sous le coup de l'influence sociale.

Il m'arrivait de recevoir des courriels de gens qui avaient entendu parler de mon cours et qui, pour différentes raisons, ne pouvaient le suivre. Et ils me demandaient si je ne pouvais pas leur suggérer un livre qui leur permettrait d'en apprendre davantage sur la question.

Il existe de fantastiques ouvrages sur le sujet, notamment *Le point de bascule.* Mais bien que ce livre soit rempli d'anecdotes divertissantes, la science a fait des pas de géants depuis qu'il a été publié il y a dix ans. *Made to Stick,* de Chip et Dan Heath, est un autre de mes ouvrages de prédilection (je dois avouer que Chip était mon mentor durant mes premières années d'université… la pomme ne tombe jamais bien loin de l'arbre). On y retrouve des histoires inspirantes, combinées aux résultats d'études sur la psychologie cognitive et la mémoire. Mais le livre des frères Heath porte sur la façon dont les idées «collent» à la mémoire plutôt que sur la façon dont les produits et les idées *se répandent* ou sur la façon dont les gens se les transmettent.

Je suggérais donc aux intéressés divers articles scientifiques sur le bouche à oreille que j'avais publiés en collaboration avec d'autres chercheurs. Inévitablement, ils me réécrivaient pour me remercier et me demander s'il n'existait pas quelque chose de plus accessible. Autrement dit, un ouvrage rigoureux, mais quand même moins aride que les articles pleins de jargon destinés aux publications universitaires. Un ouvrage qui vulgariserait les principes scientifiques et permettrait de comprendre le pourquoi et le comment de la popularité des produits et des concepts.

Je l'ai donc écrit.

LES SIX PRINCIPES DE LA CONTAGION SOCIALE

Ce livre explique pourquoi un contenu devient contagieux. Par «contenu», j'entends tout message, concept, article, produit, vidéo, nouvelle, histoire et information portant sur n'importe quel sujet – depuis les campagnes de fonds diffusées à la radio publique jusqu'aux programmes de sensibilisation aux pratiques sexuelles sans risques destinés aux jeunes. Quant au contenu «contagieux», il s'agit d'un contenu susceptible de se répandre, de se propager, de se transmettre d'une personne à une autre par le bouche à oreille et l'influence sociale, de fournir matière à discussion et d'être imité par les consommateurs, les collègues et les contribuables.

Dans le cadre de nos recherches, mes collaborateurs et moi avons relevé la présence de thématiques ou de caractéristiques communes aux contenus contagieux, qui constituent en quelque sorte les ingrédients d'une recette pour fabriquer des produits, des concepts et des comportements susceptibles de devenir populaires.

Prenez la série de vidéos *Will It Blend?* et le cheesesteak à 100 $ de chez Barclay Prime. Tant l'un que l'autre suscite des émotions comme la surprise ou l'étonnement. Qui aurait cru qu'un mélangeur pourrait détruire un iPhone ou qu'un cheesesteak pourrait coûter une centaine de dollars? De plus, ils font l'objet d'anecdotes à la fois extraordinaires (qui donnent l'air cool à ceux qui les racontent) et utiles (car on a toujours intérêt à connaître des produits qui fonctionnent bien ou des restaurants où l'on mange divinement).

À l'instar du sucre dans les recettes de desserts, ces trois ingrédients se retrouvent pratiquement toujours dans les publicités qui sont devenues virales, dans les articles que les gens se sont échangés par courriel ou dans les produits dont on a beaucoup parlé.

Après avoir analysé des centaines de messages, de concepts et de produits contagieux, nous avons remarqué qu'ils contenaient souvent les mêmes six «ingrédients», qui sont en fait les six conditions du bouche à oreille.

Principe 1 : Le capital social

Lorsqu'ils parlent d'un produit ou d'un concept, la plupart des gens préfèrent avoir l'air intelligent plutôt qu'idiot, riche plutôt que pauvre, cool plutôt que ringard. Tout comme les vêtements qu'on porte et les voitures qu'on conduit, ce dont on parle contribue à l'image qu'on projette auprès de ses pairs. Si l'on connaît des choses cool (tel un mélangeur qui peut détruire un iPhone), on a l'air futé et dans le coup. On se fait du capital… social. Pour faire parler les gens, vous devez donc concevoir des messages qui les aident à faire bonne impression. Vous devez découvrir la caractéristique de votre produit ou concept qui, de façon intrinsèque, le rend remarquable, et faire en sorte que les gens se sentent «dans le secret». Vous devez exploiter la mécanique du jeu qui leur permettra de détenir et d'afficher les symboles du standing qu'ils veulent projeter.

Principe 2 : Les déclencheurs

Les déclencheurs sont des stimuli qui incitent les gens à penser à un produit ou à un concept en particulier. Par exemple, le poivre fait penser au sel, le mot « chien » fait penser à « chat ». Le simple fait de voir un cheesesteak, si on vit à Philadelphie, peut rappeler qu'il en existe un à 100 $ chez Barclay Prime. Les gens parlent de ce qui leur passe par l'esprit; plus ils penseront à quelque chose, plus ils en parleront. Votre produit ou concept doit donc pouvoir être associé à des déclencheurs que l'on voit souvent dans un milieu donné.

Principe 3 : L'émotion

La destruction d'un iPhone dans un mélangeur est surprenante. L'annonce d'une hausse d'impôts est enrageante. En général, si un contenu est contagieux c'est qu'il comporte une composante affective. L'émotion favorise les échanges, car les gens parlent de ce qui les touche, de ce qu'ils ressentent. Plutôt que de rebattre les oreilles des gens avec les fonctions de votre produit, vous devriez chercher à concevoir des messages qui jouent sur les sentiments, qui suscitent des émotions. Mais comme nous en discuterons, ce ne sont pas toutes les émotions, qu'elles soient positives ou négatives, qui encouragent les échanges. En fait, lorsqu'on veut faire parler, il faut susciter les émotions qui attisent le feu.

Principe 4 : La visibilité

L'être humain a tendance à imiter ses semblables. Or, on ne peut copier que ce que l'on voit. Plus la visibilité de votre produit ou concept sera grande, plus il sera facile à imiter et plus il sera susceptible de devenir populaire. Vous devez donc faire connaître vos produits ou concepts. En fait, vous avez intérêt à concevoir des produits ou concepts qui feront leur propre publicité et créeront des comportements qui persisteront longtemps après l'achat ou l'adoption.

Principe 5 : La valeur pratique

Les gens aiment se rendre utiles. Si vous leur faites connaître un produit ou un concept qui permet de réaliser des économies, de gagner du temps ou d'améliorer leur santé, ils en parleront à coup sûr. Mais votre message doit se démarquer du flot d'informations qui les envahit quotidiennement et démontrer en quoi votre produit ou votre concept est une bonne affaire. Vous devez souligner le caractère exceptionnel de la valeur de ce que vous offrez – qu'elle soit de nature financière ou autre. Et vous devez formater le tout de manière à ce que les gens puissent se le transmettre facilement.

Principe 6 : Le récit

Les gens ne font pas qu'échanger de l'information, ils racontent des histoires. Or, tel le cheval de Troie, toute histoire renferme autre chose que son contenu apparent, notamment des morales et des leçons. Vous devez donc veiller à intégrer les messages sur vos produits ou concepts dans des histoires que les gens auront envie de raconter. Mais attention, toute géniale soit-elle, votre histoire doit être indissociable du message que vous souhaitez transmettre. Il ne faut pas qu'on raconte l'histoire sans faire passer le message.

Ce sont là les six principes de la contagion sociale. Autrement dit, pour être contagieux, un produit ou un concept doit procurer du *capital social*, il doit être *visible*, associé à des *déclencheurs* qu'on retrouve dans un milieu donné et à un *récit* captivant, il doit posséder une *valeur pratique*, et provoquer des émotions. Les six chapitres suivants portent respectivement sur ces six principes. Chacun combine résultats d'études scientifiques et exemples pour démontrer comment les gens, les entreprises et les organismes ont mis ces principes en pratique afin de rendre leurs produits, idées et comportements contagieux.

Ainsi, les gens ont parlé du cheesesteak à 100 $ de Barclay Prime parce qu'il leur procurait du *capital social*, était associé à des *déclencheurs* d'un certain milieu (à Philadelphie, il y a beaucoup de cheesesteaks), faisait l'objet d'un récit intéressant, possédait une *valeur pratique* (le fait de connaître un steakhouse de qualité est utile), et était susceptible de provoquer des émotions (dans ce cas, la très grande surprise). La présence de ces éléments dans les messages, produits ou idées leur donne plus de chance de se répandre et de devenir populaires[*].

J'ai écrit ce livre en ayant à l'esprit deux types de publics (qui se chevauchent). Il s'adresse aux lecteurs qui se sont toujours demandé pourquoi les gens rapportent des commérages, pourquoi certains contenus

---

[*] Note de l'auteur : Il est à noter qu'il ne s'agit pas d'une recette, bien que j'aie utilisé ce terme plus haut. Un produit ou un concept peut devenir contagieux sans que les six principes de la contagion sociale soient présents. Bien entendu, il vaut mieux qu'il y ait combinaison du plus grand nombre de principes possibles, mais ce n'est pas parce qu'aucune histoire n'est associée à un produit qui, par ailleurs, bénéficie d'une grande visibilité qu'il ne deviendra pas populaire. Il faut plutôt voir ces principes comme des ajouts à un plat. Grand classique de la cuisine américaine, la salade Cobb, par exemple, est composée de poulet, de tomates, de bacon, d'œufs, d'avocats et de fromage. Mais une salade qui contient seulement du fromage et du bacon reste quand même délicieuse. Puisque les principes de la contagion sociale sont relativement indépendants, on peut choisir ceux que l'on désire appliquer.

Certains principes conviennent davantage à certains types de concepts ou de projets. Les organismes sans but lucratif savent évoquer les émotions, tandis qu'il est plus facile de jouer sur la visibilité des produits et comportements qui ont une composante physique. Cela dit, le contenu contagieux découle souvent d'une combinaison apparemment improbable de principes. Ainsi, tout mélangeur robuste comporte déjà une valeur pratique, mais la série *Will it Blend?* est devenue virale parce qu'elle procurait du capital social à qui la regardait. La vidéo montrait comment un produit apparemment ordinaire était en fait assez extraordinaire.

en ligne deviennent viraux, pourquoi les rumeurs circulent, ou pourquoi tout le monde semble parler des mêmes choses au bureau. Parler et échanger sont des comportements humains fondamentaux qui sont propres à notre espèce, qui nous permettent de nous lier les uns aux autres et qui nous façonnent. Ce livre intéressera ceux qui veulent en savoir davantage sur les processus psychologiques et sociologiques qui sous-tendent la transmission sociale.

Ce livre vise également les gens qui veulent qu'on parle de certains produits, concepts et comportements. Dans tous les secteurs d'activités, les entreprises, grandes ou petites, veulent que leurs produits deviennent populaires. Le café du coin veut plus de consommateurs, l'avocat plus de clients, le cinéma plus de cinéphiles, le blogueur plus de lecteurs. Les organismes sans but lucratif, les responsables de l'élaboration de politiques, les scientifiques, les politiciens, etc. ont également des «produits» ou des idées à vendre. Les musées veulent plus de visiteurs, les sociétés protectrices d'animaux veulent plus de foyers d'accueil, les écologistes veulent rallier plus de gens pour protester contre la déforestation.

Que vous soyez cadre dans une grande société ou propriétaire d'une petite entreprise méconnue, un politicien à la veille d'une élection ou un fonctionnaire de l'État qui veut transmettre certains messages, ce livre vous aidera à comprendre comment rendre vos produits et concepts plus contagieux. Il vous offre un cadre de référence et un ensemble de techniques concrètes qui vous aideront à diffuser de l'information – à créer des histoires, des messages, des publicités et des nouvelles que les gens voudront s'échanger. Peu importe que ceux-ci aient dix ou dix mille amis, qu'ils soient bavards et persuasifs ou silencieux et timides.

Ce livre met à votre portée un champ de connaissances scientifiques à la fine pointe sur le fonctionnement du bouche à oreille, le processus de la transmission sociale et la façon dont vous pouvez en profiter pour réussir à vendre vos produits et vos idées.

CHAPITRE 1

LE CAPITAL SOCIAL

Si vous vous promenez sur St. Mark's Place, près de Tompkins Square Park, à New York, vous remarquerez bientôt un petit bouiboui niché entre les maisons de grès brun et les boutiques vintage. On le reconnaît à son enseigne en forme de saucisse sur laquelle sont écrits les mots *Eat me* (mangez-moi) en jaune moutarde. Vous descendrez une volée de marches pour vous retrouver dans un véritable restaurant de hot-dogs à l'ancienne, avec longues tables où trônent tous les condiments nécessaires, jeux d'arcade et, bien entendu, menu irrésistible.

Ce restaurant offre 17 variétés de hot-dogs et tous les types de saucisses de Francfort qu'on peut imaginer. Dans le *Good Morning,* la saucisse est enroulée dans du bacon, et est recouverte de fromage fondu et d'un œuf frit. Le *Tsunami* est assaisonné à la sauce teriyaki, aux ananas et aux oignons verts. Quant au *New Yorker,* hot-dog classique avec saucisse tout-bœuf, il sait satisfaire les puristes.

Si vous regardez bien autour de vous, vous apercevrez dans un coin une ancienne cabine téléphonique en bois, du type de celles où Clark Kent s'engouffrait pour se transformer en Superman. Jetez un coup d'œil à l'intérieur.

Décrochez le combiné du vieil appareil téléphonique fixé au mur. Composez le 2. Pour ce faire, insérez le doigt dans le trou correspondant (2-ABC) et faites tourner le cadran dans le sens des aiguilles d'une montre jusqu'à ce que votre doigt soit freiné par la petite langue de métal.

Vous serez surpris d'entendre quelqu'un répondre et vous demander si vous avez une réservation. Comment ça une réservation ?

Oui, vous avez bien entendu, une réservation. Naturellement, vous n'en avez pas. Qu'est-ce que vous pourriez bien réserver ? La cabine téléphonique ?

Mais c'est sans doute votre jour de chance, car il y a de la place. Soudain, le fond de la cabine s'ouvre. C'est une porte secrète ! Vous entrez alors dans un bar clandestin qui a pour nom, je vous le donne en mille, Please Don't Tell (S'il vous plaît n'en parlez à personne).

Voici comment est née cette idée.

En 1999, Brian Shebairo et son ami d'enfance Chris Antista décidèrent d'ouvrir un restaurant de hot-dogs. Natifs de l'État du New Jersey où l'on en trouve de légendaires, ils voulaient offrir la même expérience à New York. Après deux années de recherche et développement durant lesquelles ils parcoururent la côte Est des États-Unis à moto pour tester les meilleurs hot-dogs du pays, ils s'estimèrent prêts. Le 6 octobre 2001, ils ouvrirent les portes de Crif Dogs dans East Village. Ce nom provient du son que Brian fit un jour qu'il essayait de prononcer le prénom de son ami en ayant la bouche pleine de hot-dog.

Crif Dogs connut un immense succès et fut louangé dans diverses publications. Mais au fil des années, Brian eut envie de relever un nouveau défi. Il souhaitait ouvrir un bar. Crif Dogs n'avait jamais pleinement exploité son permis d'alcool. Les deux proprios avaient fait l'acquisition d'une machine à faire des margaritas surgelés, et ils conservaient toujours une bouteille de Jägermeister dans le congélateur, mais en réalité, ce qui leur manquait, c'était l'espace. Brian lorgnait le *bubble tea lounge* d'à côté, qui arrivait à peine à faire ses frais, d'autant plus que, selon son avocat, son permis d'alcool s'étendrait à ce nouvel espace s'il parvenait à l'acheter. Au bout de trois ans, après s'être fait continuellement relancer, le propriétaire du *lounge* céda enfin.

Mais le plus difficile restait à venir. New York est une ville saturée de bars. Dans un rayon de quatre pâtés de maisons autour de Crif Dogs, il y a plus de 60 endroits où l'on peut prendre un verre. Brian voulait d'abord ouvrir un bar grunge et rock, mais il abandonna l'idée. Il fallait que leur établissement se démarque du lot, qu'il fasse parler de lui, qu'il suscite la curiosité.

Un jour, Brian tomba sur un ami qui avait un magasin de brocante, une espèce de marché aux puces où l'on trouvait de tout, depuis la commode art déco jusqu'au chimpanzé empaillé. Il dit à Brian qu'il avait une cabine téléphonique qui datait des années 1930 et qui cadrerait bien dans son bar.

Cette cabine éveilla un souvenir chez Brian.

Lorsqu'il était enfant, un de ses oncles, menuisier de métier, avait construit dans le sous-sol de sa maison une pièce qui avait des portes secrètes, lesquelles donnaient sur des espaces de rangement. Il n'y avait ni repaire ni trésor caché, mais c'était quand même cool comme concept.

Brian décida de transformer la cabine téléphonique en porte qui donnerait sur un bar secret[27].

Tout ce qui concerne Please Don't Tell suggère la confidentialité. Aucune enseigne n'annonce son existence dans la rue. Aucune publicité n'en parle dans les journaux ou sur les panneaux d'affichage. Et on ne peut y accéder que par une cabine téléphonique à moitié cachée dans un restaurant de hot-dogs.

En théorie, ce concept n'a pas de sens. Les spécialistes du marketing n'enseignent-ils pas que le succès de toute entreprise repose d'abord et avant tout sur la publicité et l'accessibilité?

Or, depuis son ouverture en 2007, Please Don't Tell est extrêmement populaire. On y prend les réservations pour le jour même à partir de 15 heures, en attribuant les places selon le principe du premier arrivé, premier servi. Les gens appuient frénétiquement sur le bouton « recomposition » de leur téléphone en espérant que la ligne cessera d'être occupée. À 15 h 30, toutes les places sont réservées.

Please Don't Tell ne fait pas de promotion, n'essaie pas d'attirer le quidam dans la rue, n'a pas de site Web tape-à-l'œil. C'est la classique « marque à découvrir ». « Le marketing le plus puissant est la recommandation personnelle, dit Jim Meehan, le magicien derrière les cocktails de Please Don't Tell. « Rien n'est plus viral ou infectieux, poursuit-il, qu'un ami qui vous conseille d'aller quelque part où il est lui-même allé. » Sans compter qu'il n'y a rien de plus intrigant que de voir disparaître deux personnes au fond d'une cabine téléphonique.

Au cas où vous ne l'auriez pas déjà compris, voici un petit secret à propos des secrets: ils ne le restent jamais très longtemps. Pensez par exemple à la dernière fois où quelqu'un vous en confié un, en vous priant de ne le révéler à personne. Qu'avez-vous fait ensuite? Si vous êtes comme la plupart des gens, vous en avez probablement parlé à quelqu'un d'autre. (N'ayez pas honte, je ne le dirai à personne). En réalité, si quelque chose est censé rester secret, on est *plus* tenté d'en parler. La raison? Le capital social que ça permet d'amasser.

Les gens parlent de ce qui leur permet de faire bonne impression auprès de leurs pairs.

L'ACCUMULATION D'UN NOUVEAU TYPE DE CAPITAL

Qu'ils dessinent avec des crayons gras, fabriquent des sculptures à partir d'objets recyclés ou collent des macaronis sur des feuilles cartonnées, les enfants adorent réaliser des projets d'arts plastiques. Et ils ont tous la même réaction une fois leur œuvre terminée: ils veulent la montrer.

L'être humain passe sa vie à se raconter. On parle des vêtements qu'on vient d'acheter, de ce qu'on a fait dans la journée, de l'opinion qu'on veut faire publier dans le journal local. Le désir de relater ses pensées, ses opinions et ses expériences explique l'engouement créé par les médias sociaux et les réseaux en ligne. Les gens écrivent des blogues sur leurs passe-temps préférés, affichent ce qu'ils ont mangé pour déjeuner sur leur page Facebook et tweetent à propos de leur haine du gouvernement. Comme plusieurs observateurs l'ont noté, les accros aux réseaux sociaux semblent incapables de faire autre chose que rapporter à tout un chacun ce à quoi ils pensent, ce qu'ils aiment et ce qu'ils veulent.

De fait, les études démontrent que plus de 40 % de ce dont les gens parlent concernent leurs expériences ou leurs relations personnelles[28]. Et environ la moitié des tweets portent sur leur auteur et traitent de ce qu'il est en train de faire ou de ce qui lui est arrivé[29]. Pourquoi les gens parlent-ils à ce point d'eux-mêmes ?

Ce n'est pas seulement par pure vanité : l'être humain est littéralement programmé pour éprouver du plaisir lorsqu'il parle de lui. Jason Mitchell et Diana Tamir, neuroscientifiques à Harvard, ont découvert que le fait de dévoiler de l'information à propos de soi est intrinsèquement gratifiant[30]. Au moyen de scanners, ils ont observé l'activité cérébrale de sujets qui devaient parler de leurs préférences (« J'aime faire du surf des neiges ») ou de celles d'une autre personne (« Il adore les chiots »). Il s'est avéré que le fait de parler de soi active les circuits qui sont stimulés également lorsqu'on est gratifié par la nourriture ou l'argent. Autrement dit, parler de ce que vous avez fait le week-end dernier peut vous satisfaire autant que d'avaler une part d'un délicieux gâteau au chocolat.

En fait, les gens aiment tellement parler d'eux qu'ils sont prêts à perdre de l'argent pour le faire. Dans le cadre d'une autre expérience, Tamir et Mitchell ont présenté à leurs sujets des centaines de paires de tâches simples en leur demandant de choisir rapidement entre les deux. Par exemple, ils avaient le choix entre ne rien faire pendant quelques secondes et répondre à une question qui les concernait (du genre « Aimez-vous les croustilles ? »). Pour rendre l'expérience encore plus intéressante, les deux chercheurs ont remis aux sujets des petites sommes d'argent qui variaient selon l'option qu'ils choisissaient. Dans certains cas, ils touchaient un peu plus lorsqu'ils ne faisaient rien, dans d'autres, ils touchaient un peu moins lorsqu'ils se racontaient.

Le résultat ? Dans l'ensemble, les sujets ont accepté une réduction de 25 % de leur « paie » pour révéler leurs pensées. Les gens sont prêts à renoncer à l'argent pour parler d'eux-mêmes.

Mais pourquoi aime-t-on à ce point se raconter, révéler ses pensées et parler de ses expériences personnelles? Avant de répondre à cette question, je vous demanderai de vous prêter à un petit jeu. Si je vous dis que ma collègue Carla conduit une fourgonnette, quel âge a-t-elle selon vous? 22 ans, 35 ans, 57 ans? Fiez-vous à votre flair!

Par ailleurs, a-t-elle des enfants? Combien? Le cas échéant, quel sport pratiquent-ils?

Passons maintenant à mon ami Todd, un type vraiment cool. Si je vous dis qu'il a une coupe mohawk ou iroquoise, que âge a-t-il selon vous? Quel type de musique écoute-t-il? Où achète-t-il ses vêtements?

J'ai soumis des centaines de personnes à ce petit test et j'ai toujours obtenu les mêmes résultats. En général, la plupart des gens pensent que Carla a entre 30 et 45 ans, et tous – oui, 100 % de mes sujets – croient qu'elle a des enfants. La plupart sont également convaincus que ses rejetons pratiquent le soccer. Tout cela à partir de son type de voiture.

Par ailleurs, la plupart des gens supposent que Todd a entre 15 et 30 ans, qu'il préfère la musique alternative, que ce soit du punk, du *heavy metal,* ou du rock, et qu'il achète ses vêtements dans des friperies ou dans des boutiques spécialisées dans l'équipement de surf et de skate. Tout cela à partir de son style de coiffure.

Mettons les choses au clair. Il est possible que Todd ait 53 ans, qu'il écoute du Beethoven et qu'il achète ses kakis chez Gap, et que Carla ait 22 ans, qu'elle joue de la batterie dans un groupe issu du mouvement *Riot grrrl** et qu'elle croie que les enfants sont un concept bourgeois.

Mais personne n'a eu ces idées. Tous ont fait les mêmes déductions parce que les choix d'une personne parlent de son identité. Puisque Carla conduit une fourgonnette et que Todd porte une crête iroquoise, mes sujets en ont conclu qu'elle était une *soccer mom*** et qu'il était un jeune

---

* Mouvement musical alternatif et féministe populaire dans les années 1990.

** Terme populaire américain faisant référence à un phénomène très répandu dans les banlieues de l'Amérique du Nord où les mères passent beaucoup de temps à mener leurs enfants à différentes activités sportives, notamment le soccer.

punk. En regardant les voitures et les vêtements des gens qui nous entourent, nous faisons constamment ce genre de raisonnements[31].

Les propos d'une personne ont le même effet : ils influencent ce que les autres pensent d'elle. On a l'air spirituel si on raconte une histoire drôle à une fête et on a l'air cool si on dévoile des secrets sur les vedettes du sport ou du cinéma.

On ne sera donc pas surpris de constater que les gens préfèrent parler de choses qui leur donnent l'air intéressant plutôt qu'ennuyeux, intelligent plutôt qu'idiot, *in* plutôt que *out*. De la même manière, ils passent sous silence ce qui ne les fait pas paraître à leur avantage. À ce titre, rappelez-vous pourquoi vous vous êtes abstenu de parler de quelque chose en particulier récemment, alors que vous en aviez l'occasion... On n'hésite pas à déclarer qu'on a mangé dans le restaurant le plus couru de la ville, mais on omet de dire que la chambre d'hôtel qu'on avait réservée donnait sur un stationnement. On est fier de dire que la caméra qu'on a achetée est recommandée par *Protégez-Vous*, mais on cachera qu'on a vu le portable qu'on vient de se procurer offert à bien meilleur marché dans un autre magasin.

Le bouche à oreille est donc essentiel pour bien paraître. Il est aussi puissant qu'une nouvelle voiture ou qu'un sac Prada[32]. C'est du *capital social*. Au même titre que les biens qu'ils possèdent, le capital social permet aux gens de faire bonne impression auprès de leur famille, de leurs amis et de leurs collègues.

Pour inciter les gens à parler de leurs produits et services, les entreprises et les organisations doivent leur permettre d'accumuler du capital social ; autrement dit, elles doivent leur donner les moyens de bien paraître tout en faisant la promotion de ce qu'elles vendent. Pour le faire, elles ont intérêt à (1) découvrir les aspects intrinsèquement remarquables de leurs produits et services ; (2) exploiter la mécanique du jeu et (3) faire en sorte que les gens se sentent dans le secret.

LA « REMARQUABILITÉ » INTRINSÈQUE DES CHOSES

Imaginez que vous êtes en ballade avec des amis par une chaude journée d'été. Vous vous arrêtez à une épicerie pour acheter des boissons. Vous avez envie de quelque chose qui soit léger et rafraîchissant, mais qui aura plus de goût que de l'eau en bouteille. Au rayon des boissons gazeuses, vous apercevez les limonades Snapple. Ça fera parfaitement l'affaire. Vous payez et sortez.

Avant de rejoindre vos amis, vous décapsulez la bouteille et prenez une longue gorgée de limonade. Puis, vous remarquez une petite phrase à l'intérieur de la capsule.

Vérité n° 27 : Une balle en verre bondira plus haut qu'une balle de caoutchouc.[*]

Sans blague ?

Une fois la surprise passée (car, après tout, qui sait qu'une balle de verre peut rebondir), que ferez-vous de cette information ensuite ? Probablement que vous ne la garderez pas pour vous, mais que vous en parlerez à vos amis.

Les vérités de Snapple

En 2002, Marke Rubenstein, vice-présidente exécutive de l'agence de publicité retenue par Snapple, cherchait de nouvelles façons de divertir les amateurs de la boisson. L'entreprise était déjà connue pour ses publicités originales qui passaient à la télé et mettaient en vedette Lady Snapple, une New-Yorkaise d'âge mur, pleine d'entrain. Véritable employée de Snapple, elle répondait aux lettres des fans de Snapple qui lui demandaient des conseils de toutes sortes, notamment pour des affaires de cœur. Ces publicités étaient audacieuses et très drôles, et Snapple souhaitait rester dans la même veine pour sa nouvelle campagne.

---

[*] On ne retrouve les « Real Facts » que sous les capsules des bouteilles de Snapple vendues aux États-Unis.

C'est lors d'une réunion de marketing que quelqu'un suggéra d'utiliser l'espace sous les capsules des bouteilles, une ressource inexploitée. Snapple avait déjà tenté l'expérience sans grand succès. Il faut dire que les blagues étaient mauvaises (par exemple, « Si le crayon n° 2 est le plus populaire, pourquoi est-il toujours numéro 2 ? »). On ne pouvait donc pas déterminer si c'était la stratégie dans son ensemble ou les blagues qui ne fonctionnaient pas. C'est alors que Rubenstein et son équipe eurent l'idée de raconter des faits réels extraordinaires « dont les buveurs de Snapple ignoraient l'existence et qu'ils souhaitaient connaître, sans le savoir[33] ».

Les publicitaires dressèrent une longue liste de vérités sur divers sujets étonnants et se mirent à les imprimer sous les capsules des bouteilles. Bien entendu, il fallait acheter la bouteille de Snapple pour pouvoir prendre connaissance de la vérité en question.

Selon la vérité n° 12, par exemple, les kangourous ne peuvent pas marcher à reculons, tandis que la vérité n° 73 révèle qu'en moyenne une personne passe deux semaines de sa vie à attendre aux feux de circulation.

Ces faits sont tellement surprenants et amusants qu'il est difficile de ne pas en parler. Deux semaines à attendre à l'intersection des rues ? Incroyable ! Tout ce qu'on pourrait faire de ce temps perdu ! Si vous avez déjà bu une bouteille de Snapple en compagnie de quelqu'un, vous lui avez forcément lu ce que vous avez découvert sous la capsule, tout comme vous l'auriez fait d'une prédiction dans un biscuit chinois.

Les vérités de Snapple sont tellement infectieuses qu'elles font désormais partie de la culture populaire américaine. Elles défraient la chronique de centaines de sites Web. Des humoristes les commentent pendant leurs spectacles. Certaines sont tellement incroyables qu'elles suscitent des débats (le fait que les kangourous ne puissent pas marcher à reculons est étrange, mais vrai).

Saviez-vous que sourire brûle moins de calories que froncer les sourcils ? Qu'une fourmi peut soulever une charge équivalente à 50 fois son poids ? Probablement pas. Les gens racontent les vérités de Snapple

parce qu'elles sont *remarquables.* Et le fait de parler de faits et phénomènes remarquables procure du capital social.

« Remarquabilité » et capital social

Toute chose remarquable est inhabituelle, extraordinaire ou marquante.
Et elle l'est de par sa nouveauté, sa particularité, son excentricité ou
simplement l'intérêt qu'elle suscite. Mais par-dessus tout, elle *vaut la
peine d'être remarquée.* Elle est digne de mention. Apprendre qu'une
balle de verre bondit plus haut qu'une balle de caoutchouc est tellement remarquable qu'il faut en parler.

La « remarquabilité » procure du capital social, car en racontant une
histoire extraordinaire, originale ou amusante, on devient soi-même un
peu plus extraordinaire, original ou amusant. Il n'est peut-être pas
donné à tout le monde d'être un boute-en-train, mais personne ne veut
être vu comme un éteignoir, et tout le monde veut être aimé.
L'approbation des autres est une motivation humaine fondamentale.
Une personne qui révèle une vérité Snapple intéressante ou l'existence
d'un bar caché dans une petite gargote aura l'air cool. Et on est plus
tenté de parler aux gens cool, de les inviter à déjeuner, de leur donner
un deuxième rendez-vous.

Il n'est donc pas surprenant de constater qu'on parle plus souvent de ce
qui est remarquable. Le professeur Raghu Iyengar de Wharton et moi-
même avons effectué une étude pour déterminer dans quelle proportion les entreprises, produits et marques bénéficient du bouche à oreille
en ligne[34]. Nous avons relevé non moins de 6 500 marques et produits
issus de différents secteurs d'activités, notamment Wells Fargo et
Facebook, mais aussi des marques moins connues comme les Village
Squire Restaurants* et Jack Link's**. Nous avons soumis cette liste à nos
sujets en leur demandant de noter la remarquabilité de chaque élément, puis nous avons établi une corrélation entre ces notes et la fréquence à laquelle ces marques et produits font parler d'eux.

---

* Petite chaîne de restaurants de style pub concentrée dans l'Illinois.

** Entreprise familiale américaine qui produit des collations de viande traitée et séchée.

Le verdict était clair : on parle presque deux fois plus souvent des produits ou marques remarquables, comme Facebook ou les films hollywoodiens, que des produits ou marques moins remarquables, comme Wells Fargo et Tylenol. D'autres chercheurs ont obtenu des résultats semblables. Les tweets plus intéressants sont davantage transmis et les articles plus captivants et plus surprenants sont plus susceptibles de faire partie de la liste des articles les plus populaires du *New York Times*[35].

La remarquabilité explique pourquoi on fait des chaînes virtuelles pour se transmettre certaines vidéos, pourquoi ma tante m'a envoyé par courriel l'histoire d'un coyote qui, coincé sur un pare-chocs, avait survécu à une virée de 800 kilomètres, pourquoi les médecins parlent de certains cas plus que d'autres. Chaque fois qu'une personne se présente aux urgences pour une raison inhabituelle (parce qu'elle a avalé un objet étrange, par exemple), tous les employés de l'hôpital en entendent parler. Un code rose (enlèvement de bébé) fera beaucoup plus de bruit qu'un code bleu (arrêt cardiaque) même s'il s'avère être une fausse alarme.

La remarquabilité influence également l'évolution des histoires avec le temps. Des psychologues de l'Université de l'Illinois ont invité un groupe d'étudiants à préparer un repas ensemble sous prétexte d'examiner les paramètres de la planification et de l'exécution de tâches en groupe[36]. Les sujets se sont retrouvés dans une vraie cuisine, devant des légumes, du poulet, des crevettes qui attendaient d'être coupés et sautés. C'est là que les choses ont pris une tournure intéressante. Les chercheurs avaient caché parmi ces ingrédients une petite – mais non moins effrayante – famille de cafards. Pouah ! Les étudiants ont poussé des cris d'horreur en s'éloignant le plus possible de la nourriture.

Une fois le calme revenu, le responsable a annulé l'expérience en disant aux étudiants qu'on avait joué un mauvais tour à l'équipe de recherche. Mais plutôt que de leur donner congé, il leur a suggéré de prendre part à une autre étude qui (comme par hasard) se déroulait dans l'immeuble d'à côté.

Pendant qu'ils se rendaient sur place, les étudiants ont été invités à raconter ce qui s'était passé. La moitié d'entre eux se sont fait poser des questions par le responsable de la nouvelle expérience, tandis que les autres ont parlé à un autre étudiant (de mèche avec le responsable).

Il s'est avéré que l'histoire variait selon le destinataire. Les étudiants qui parlaient à un de leur semblable ont tenté de l'impressionner et de l'amuser, plutôt que de simplement rapporter les faits. Dans ce cas, les cafards étaient plus gros et plus nombreux et l'expérience était globalement plus dégoûtante. Les étudiants ont exagéré les détails pour rendre leur histoire plus remarquable.

Il nous est tous arrivé de verser dans l'exagération. De quelle taille exactement était le poisson que vous avez attrapé lorsque vous êtes allé à la pêche au Colorado? Et combien de fois le bébé vous a-t-il réveillé la nuit dernière parce qu'il pleurait?

Souvent, on ne fait même pas exprès pour amplifier les détails d'une histoire. Simplement, on les oublie. Les souvenirs ne sont pas des enregistrements exacts de ce qui s'est passé. Ils sont plutôt comme les os d'un dinosaure que des archéologues rassemblent tant bien que mal. On a les principaux morceaux, mais il manque certaines pièces. Alors, on compense. Et on y va à vue de nez.

Et en cours de route, les histoires deviennent souvent plus extrêmes ou amusantes, surtout lorsqu'on les raconte à un groupe. Le poisson a doublé de taille, le bébé n'a pas pleuré deux fois – ça ne vaudrait pas la peine de le mentionner –, mais sept fois, et il a fallu se montrer vraiment compétent comme parent pour le réconforter et l'aider à se rendormir. Ce n'est d'ailleurs pas le hasard qui fait qu'on se donne un beau rôle, un air intelligent.

C'est un peu comme le jeu du téléphone. À mesure que l'histoire passe d'une personne à l'autre, des détails sont omis et d'autres sont ajoutés, pour la rendre de plus en plus remarquable.

Quelques sources de « remarquabilité »

Pour trouver en quoi un produit ou un concept est intrinsèquement remarquable, il faut réfléchir à ce qui le rend intéressant, surprenant ou original. Si c'est un appareil, peut-il faire quelque chose à quoi personne n'aurait pensé (comme pulvériser des balles de golf)? Si c'est une idée, ses implications peuvent-elles être plus poussées qu'on ne le croit a priori?

Pour surprendre, il faut souvent sortir des sentiers battus, briser le moule, défier les attentes que les gens en sont venus à se créer[37]. Ainsi, lorsqu'on prévoit voyager à bord d'un avion d'une ligne aérienne à bas coûts, on s'attend généralement à vivre une expérience des plus ordinaire: peu d'espace, pas de film, minuscule collation. C'est justement pour cette raison que les gens qui voyagent à bord d'un appareil de la compagnie JetBlue pour la première fois ne peuvent s'empêcher d'en parler à leur entourage. Les sièges sont vastes et confortables, les collations sont variées et le divertissement gratuit est fourni par DIRECTTV sur un écran individuel. De la même façon, en garnissant son cheesesteak de bœuf Kobe et de homard, et en l'offrant à 100 $, Barclay Prime a défié les attentes des gens par rapport à ce type de sandwich.

La remarquabilité peut également découler du mystère et de la controverse[38]. Le Projet Blair Witch est l'une des démonstrations les plus célèbres de ce principe. Paru en 1999, ce film raconte l'histoire de trois étudiants en cinéma qui tournent un documentaire dans les montagnes du Maryland sur une légende locale (la sorcière de la forêt de Blair), et qui disparaissent mystérieusement. Lors du lancement du film, on a fait croire aux gens qu'il avait été monté à partir des bandes vidéo retrouvées.

Ce film a fait parler de lui tout simplement parce que les gens se demandaient si l'histoire qu'on y racontait était vraie ou non. Comme il ébranlait une croyance fondamentale (selon laquelle les sorcières n'existent pas), il a ni plus ni moins créé la controverse. Les gens voulaient résoudre l'énigme, obtenir des réponses, s'engageant dans des débats qui ont engendré encore plus de discussions. Toute cette rumeur a fait du Projet Blair Witch un véritable succès. Tourné avec une caméra vidéo et un budget d'environ 35 000 $, ce film a généré des recettes de plus de 248 millions de dollars à l'échelle mondiale[39].

Bonne nouvelle, la remarquabilité peut être appliquée à n'importe quoi. Il est vrai que certains produits ou concepts, tels les gadgets technologiques ou les films hollywoodiens, sont naturellement plus remarquables que d'autres, comme les grille-pain ou les directives du service à la clientèle. Mais il reste qu'on peut rendre remarquable n'importe quel produit ou concept en réfléchissant à ce qui le fait sortir du lot. Souvenez-vous de Blendtec. Des millions de gens ont parlé de ce mélangeur sans qu'aucune publicité ne soit faite à son sujet.

Même le papier hygiénique peut être remarquable. Je sais que vous avez peine à le croire, mais pourtant, il y a quelques années, on en a parlé pendant toute une soirée chez moi. Comment cela? J'avais mis un rouleau de papier de toilette noir dans la salle de bains[40]. Personne n'en avait jamais vu auparavant, et c'est ce qui a lancé la discussion. Mettez l'accent sur ce qui est remarquable dans un produit ou concept et les gens se mettront à en parler.

LA MÉCANIQUE DU JEU

Il ne me manquait que 222 miles de récompense.

Il y a quelques années, je planifiai une visite chez des amis à l'autre bout du pays. Sur Internet, j'examinai mes différentes options et découvris un vol direct pour la Californie à meilleur marché que les vols avec correspondance. Quelle chance!

J'entrai mon numéro de grand voyageur de la compagnie United Airlines et une mise à jour de mon dossier s'afficha à l'écran. Comme je voyage régulièrement, j'avais suffisamment de points pour être au niveau *Premier,* dont les privilèges sont assez modestes: sièges légèrement plus confortables, enregistrement des bagages sans frais et possibilité de surclassement (bien que cela ne semble jamais se matérialiser). Rien d'extraordinaire, mais c'est quand même mieux que ce qu'offre la classe économique.

Cette année-là, j'avais encore plus voyagé et, comme j'ai tendance à être fidèle à une ligne aérienne, j'avais accumulé presque assez de points pour atteindre le niveau *Premier Executive.*

Le mot-clé ici est «presque». Il me manquait 222 miles. Même mon aller-retour côte Est-Californie ne me donnait pas suffisamment de miles pour atteindre ce niveau.

Les privilèges du niveau *Premier Executive* ne sont pas vraiment beaucoup plus avantageux que ceux du niveau *Premier*: enregistrement sans frais de trois bagages, accès à un lounge spécial pour les vols internationaux et pré-embarquement. Pas de quoi s'énerver.

Mais j'étais si près du but! Et je n'avais plus que quelques jours pour réserver un vol qui me procurerait les miles nécessaires. Ce voyage à San Francisco était ma dernière chance.

J'ai donc fait ce que les gens font lorsqu'ils sont tellement obsédés par quelque chose qu'ils agissent en dépit du bon sens. Pour accumuler le nombre de miles nécessaire à l'atteinte du niveau *Premier Executive*, j'ai réservé un billet qui m'a fait faire un arrêt de deux heures à Boston et qui m'a coûté plus cher qu'un billet pour un vol direct.

Mais je ne suis pas le seul voyageur à agir de façon illogique lorsqu'il y a des miles de récompense à la clé.

American Airlines est la première compagnie aérienne à avoir créé un programme de fidélisation en 1981[41]. D'abord conçu comme un moyen d'offrir des billets à prix avantageux à ses meilleurs clients, ce programme s'est bientôt transformé en un système de récompenses, tel qu'on le connaît aujourd'hui. Actuellement, plus de 180 millions de personnes accumulent des miles en voyageant par avion.

Et pour accumuler ces précieux miles, elles prêtent allégeance à un seul transporteur, et choisissent des vols avec des correspondances dans toutes sortes de villes et à des heures indues.

Chaque année, pourtant, moins de 10 % des miles sont échangés contre des billets d'avion, des séjours à l'hôtel et autres privilèges. La plupart des gens les laissent dormir dans leur compte. Actuellement, selon les spécialistes de la question, environ dix mille milliards de miles sont inutilisés, soit assez pour faire 19,4 *millions* d'aller-retour entre la Terre et la lune. C'est beaucoup.

Si les gens ne profitent pas de leurs miles pourquoi font-ils des pieds et des mains pour les accumuler ?

Parce que c'est un jeu amusant.

Le jeu comme performance

Pensez à votre jeu préféré, que ce soit un jeu de société, un sport, un jeu vidéo ou une application. Peut-être que vous aimez faire des patiences aux cartes ou jouer au golf ou remplir des grilles de Sudoku. Vous êtes-vous déjà demandé pourquoi vous aimiez tant ce jeu, pourquoi vous ne pouviez vous empêcher de jouer ?

C'est à cause de la mécanique du jeu, soit les éléments qui le rendent amusant et captivant, y compris les règles et les boucles de rétroaction. Lorsqu'on joue à un jeu (qu'il ait la forme de cartes, d'une application ou d'un programme), on obtient des points, on atteint des niveaux de plus en plus élevés. On sait ainsi où l'on se situe, quelle performance on réalise. Une bonne mécanique retient les joueurs et les incitent à vouloir jouer davantage.

D'une part, cette motivation est personnelle. L'être humain aime réaliser des choses. Les preuves tangibles du progrès qu'il accomplit – qu'elles soient sous forme de points accumulés ou de niveaux supérieurs atteints – sont gratifiantes pour lui. De tels jalons l'incitent d'ailleurs à redoubler d'efforts à mesure qu'il approche un but[42]. Dans certains cafés, les clients obtiennent un café gratuit après en avoir acheté 10. Apparemment, ils accélèrent la cadence des achats lorsqu'ils constatent qu'ils approchent de la dixième tasse[43].

D'autre part, la motivation est *inter*personnelle. La mécanique du jeu encourage en effet la comparaison.

Il y a quelques années, on a demandé à des étudiants de l'Université Harvard de prendre une décision apparemment très simple : choisir entre un emploi offrant un salaire annuel de 50 000 $ (option A) et un emploi offrant un salaire annuel de 100 000 $ (option B).

Le hic, c'était que dans le cas de l'option A, ils toucheraient deux fois le salaire de leurs pairs (qui recevaient donc 25 000 $), tandis que dans le cas de l'option B, ils toucheraient la moitié du salaire de leurs pairs (qui recevaient donc 200 000 $). En choisissant l'option B, les sujets auraient plus d'argent, tout en étant plus pauvres que leurs semblables.

Quelle option la majorité des étudiants ont-ils choisie selon vous?

L'option A. Ils ont préféré être plus nantis que leurs pairs, aux dépens de leur propre richesse[44]. Ils ont choisi l'option la moins avantageuse en termes absolus, mais la meilleure en termes relatifs.

Les gens ne se soucient pas seulement de leur performance, ils se préoccupent de leur performance par rapport aux autres. Ce n'est pas seulement parce qu'on peut monter à bord de l'avion quelques minutes plus tôt qu'on apprécie les programmes de privilèges, mais aussi parce qu'on peut le faire avant tout le monde. Les niveaux indiquent où l'on en est en termes absolus, mais aussi par rapport aux autres.

À l'instar des animaux, les êtres humains sont concernés par la hiérarchie. Le singe affiche son statut social de diverses façons et le chien cherche à identifier le chien dominant. L'être humain n'est pas différent. Il aime sentir qu'il est au sommet de la hiérarchie, qu'il est le chef de meute. Or, le statut est intrinsèquement relatif. Pour occuper un rang supérieur, il faut que les autres occupent un rang inférieur.

La mécanique du jeu contribue à l'accumulation de capital social, car quand on gagne, on fait bonne impression. Les gens aiment se vanter de leur handicap au golf, du nombre de *followers* qu'ils ont sur leur compte Twitter, des résultats scolaires de leurs enfants. Un de mes amis, qui fait partie du club *Platinum Medallion* de la compagnie aérienne Delta, trouve moyen d'y faire allusion sur Facebook chaque fois qu'il prend l'avion. Il parle du type qui draguait la serveuse du lounge Sky Club (réservés aux membres *Platinum Medallion*) ou il mentionne le surclassement dont il a profité. Après tout, n'est-ce pas, à quoi sert d'avoir un certain statut social si personne n'est au courant?

Mais chaque fois, il parle aussi de Delta.

C'est de cette façon que la mécanique du jeu alimente le bouche à oreille. En parlant de leurs accomplissements, de leurs victoires, etc., les gens parlent inévitablement des marques ou des secteurs d'activités qui y sont associés (que ce soit Delta, Twitter, le golf ou l'école).

LA MESURE DE LA PERFORMANCE

Pour tirer parti de la mécanique d'un jeu, il est essentiel de quantifier les performances. Dans certains secteurs, comme le golf ou l'école, les performances sont déjà quantifiées et elles permettent aux gens de savoir facilement où ils en sont par rapport à eux-mêmes et aux autres. Mais pour plusieurs produits ou concepts, il faudra créer des systèmes de mesure (qu'il s'agisse de points, de symboles ou de couleurs). Les compagnies aériennes ont assez bien réussi à cet égard. Les vols nolisés existent depuis plus de 50 ans. Mais l'association d'un aspect ludique aux voyages en avion, avec accumulation de miles de récompense et attribution de statuts de voyageur, est relativement récente.

Puisque les performances ludiques permettent d'accumuler du capital social, les gens adorent en parler. Il faut donc les aider à le faire. Une personne peut très bien se vanter de ses brillants résultats, mais toute l'affaire sera beaucoup plus efficace si elle peut en présenter les preuves tangibles. Foursquare, le réseau social et système de géolocalisation en ligne est intéressant à cet égard. Ses abonnés peuvent enregistrer le bar, le restaurant, etc. où ils se trouvent au moyen de leurs appareils mobiles – ils font alors ce qu'on appelle des *check-ins* – dans le but de permettre à leurs amis de les repérer. Les usagers peuvent également accumuler des badges selon leur taux de fréquentation des lieux. Ainsi, l'abonné qui, sur une période de 60 jours, accumule le plus de *check-ins* dans un endroit donné en devient le maire. Et s'il va dans cinq aéroports différents, il se voit remettre le badge du Jetsetter. Étant donné que ces symboles procurent du capital social, les gens les affichent non seulement sur leur compte Foursquare, mais aussi, bien en vue, sur leur page Facebook.

Bien entendu, ils le font essentiellement parce qu'ils en sont fiers. Or, en même temps, ils répandent la marque Foursquare.

Une mécanique du jeu bien rodée peut même créer des performances à partir de rien du tout. Les compagnies aériennes ont transformé la fidélité en statut social. Foursquare célèbre les mérites des piliers de bar. Et les producteurs de jeux en ligne ont convaincu les *gamers* de proclamer sur Facebook (où ils sont encouragés à afficher leurs résultats) qu'ils passent quotidiennement des heures accrochés à leurs manettes – voire, de s'en vanter.

Les systèmes d'attribution de points doivent être faciles à comprendre même pour les profanes. Le titre de maire paraît sans doute respectable aux yeux de tous, mais je parie que peu de gens savent où il se situe dans la hiérarchie des quelque cent badges du système Foursquare. Par exemple, vaut-il mieux être maire que d'avoir un badge de super usager (*Super User*) ?

La hiérarchie des cartes de crédit suscite les mêmes questionnements. À l'origine, les cartes Or étaient réservées aux grands utilisateurs dont les rapports de solvabilité étaient sans taches. Mais elles ont perdu de leur prestige lorsque les sociétés émettrices se sont mises à les attribuer à n'importe qui. Pour compenser, on a multiplié les niveaux de cartes destinées aux clients vraiment riches : carte Platine, Saphir, Diamant, etc. Mais qui saurait dire laquelle représente le statut le plus élevé ? Les gens sont déconcertés par cette panoplie de couleurs, minéraux et qualificatifs exclusifs qui ne leur indiquent pas où ils se situent dans l'absolu et encore moins les uns par rapport aux autres.

Il existe des systèmes beaucoup plus clairs, notamment l'olympisme. Si quelqu'un déclare qu'il a remporté une médaille d'argent, on saura exactement où il se situe. Dans un tout autre ordre d'idées, de nombreux supermarchés en Grande-Bretagne utilisent un système d'étiquetage tout aussi transparent pour indiquer la teneur en sucre, en gras et en sel de différents produits. Des cercles rouge, jaune ou vert, qui rappellent les feux de circulation, désignent respectivement une teneur élevée, moyenne et faible de ces nutriments. N'importe qui comprendra immédiatement ce système et saura comment agir en conséquence.

Jeu, concours... et promotion

La mécanique du jeu est un élément important de nombreux concours. La société Burberry, par exemple, a créé un site Web, artofthetrench.com, qui est un montage de photos de personnes portant tous des trenchs Burberry, dont certaines ont été prises par de grands photographes de mode. Mais n'importe quel propriétaire d'un trench Burberry peut envoyer une photo de lui-même revêtu de l'iconique imperméable. Il court ainsi la chance de la voir sur le site de Burberry et de contribuer à montrer au monde entier ce qu'est le style personnel.

Que feriez-vous si votre photo était choisie pour être affichée sur le site de Burberry? Vous en parleriez! Et pas qu'à une personne.

C'est apparemment ce que tous les gens figurant sur les photos ont fait. Le site de Burberry a été consulté des millions de fois dans les quatre coins du monde. Ce concours a d'ailleurs contribué à hausser de 50 % le volume des ventes de la société[45].

Dans la même veine, les gens qui consultent les sites de recettes sont invités à afficher les photos des plats qu'ils ont préparés, ceux qui ont suivi des programmes de mise en forme et d'amaigrissement sont encouragés à afficher des photos «Avant/Après» pour montrer à quel point ils ont amélioré leur apparence. Et lorsqu'un nouveau bar de Washington a baptisé un de ses cocktails Kentucky Irby d'après le nom de famille de mon meilleur ami, celui-ci s'est senti tellement spécial qu'il en a parlé à tout le monde, faisant du même coup la promotion de l'établissement.

Les programmes de récompenses fonctionnent selon le même principe. Ceux qui en bénéficient adorent s'en vanter, car cela leur permet de montrer aux autres à quel point ils sont fantastiques. Mais par la même occasion, ils parlent des sociétés qui remettent les récompenses.

Le bouche à oreille est également favorisé dans les concours où c'est le vote populaire qui décide du gagnant. Lorsqu'ils font leur propre promotion, les concurrents parlent inévitablement du produit, de la marque ou du projet qui parraine le concours. Les producteurs n'ont pas de marketing à faire puisque les gens qui veulent gagner s'en chargent à leur place.

ÊTRE DANS LE SECRET

En 2005, Ben Fischman devint chef de la direction de SmartBargains. com, une solderie en ligne qui vendait de tout, depuis les vêtements jusqu'à la literie en passant par le mobilier et les bagages. Son modèle d'affaires était simple : les sociétés qui voulaient liquider leur stock n'avaient qu'à le vendre à SmartBargains, qui se chargerait de l'offrir directement aux consommateurs, souvent à 25 % du prix de détail original.

Mais en 2007, SmartBargains connut des difficultés. Ses marges bénéficiaires avaient toujours été faibles, mais dorénavant, l'enthousiasme des clients n'était plus au rendez-vous et la concurrence était féroce. Plusieurs solderies en ligne avaient vu le jour depuis l'ouverture de SmartBargains.

Un an plus tard, Fischman démarra un nouveau site Web. Rue La La offrait des produits de grands designers et était spécialisé dans la vente éclair (ou vente flash), qui veut que les promotions ne soient disponibles que pour un temps limité (en général, de 24 heures à 48 heures). Suivant le modèle de la vente d'échantillons dans l'industrie de la mode, l'accès au site était réservé aux membres et à leurs invités.

Rue La La connut un tel succès qu'en 2009, il fut vendu avec SmartBargains.com pour la somme de 350 millions de dollars.

La réussite de Rue La La est d'autant plus remarquable que les produits qu'on y vendait étaient les mêmes que ceux de SmartBargains. Les mêmes robes, jupes, costumes, chaussures, jupes, pantalons.

Comment un site Web en perte de vitesse s'est-il transformé en un site auquel les gens se vantaient haut et fort d'accéder ?

Parce que les gens se sentaient dans le secret.

Mais revenons un peu en arrière pour comprendre ce que cela signifie. Lorsqu'il se demandait comment sauver SmartBargains, Fischman remarqua qu'au sein de son entreprise une activité connaissait une croissance phénoménale : l'offre de rabais exclusifs aux membres de son programme de fidélisation (qui profitaient également de réductions sur les frais d'expédition).

À peu près à la même époque, il apprit l'existence du concept français de vente privée, qui correspondait à l'offre de promotions éclair pour une journée seulement. Il décida de s'en inspirer pour relancer son entreprise.

Très bonne décision. Rue La La eut un énorme succès grâce à la brillante utilisation du facteur urgence. Chaque matin, le site affichait de nouvelles promotions à 11 heures précises. Dans les premiers mois, la demande était tellement forte qu'à 11 h 03 tout était vendu. Les clients comprirent bientôt qu'ils rateraient les aubaines s'ils ne se connectaient pas assez tôt.

Rue La La a toujours maintenu cette restriction sur l'offre. Et aujourd'hui, 40 à 50 % de ses articles sont toujours vendus entre 11 h et 12 h. Bien que le volume des ventes ait augmenté, celles-ci ne se sont pas étalées durant la journée. Le pic de 11 heures a simplement été de plus en plus important.

En adoptant un modèle de vente exclusive aux membres, Rue La La leur a donné l'impression qu'ils étaient des initiés. Tout comme le ruban de velours indique que l'entrée à un bar sélect est réservée à certains clients triés sur le volet, l'exclusivité du site le rendait vraiment désirable.

Les membres de Rue La La sont d'ailleurs ses meilleurs ambassadeurs. Ils contribuent à grossir la clientèle de l'entreprise mieux que n'importe quelle campagne publicitaire. Comme Fischman l'a fait remarquer lui-même :

Si vous demandez au concierge d'un hôtel de vous recommander un restaurant et qu'il n'a pas une seconde d'hésitation, il y a des chances que vous supposiez qu'il est payé pour mousser cet endroit et que c'est probablement médiocre. Mais si un ami vous recommande un établissement, vous êtes impatient de l'essayer. S'il vous dit que vous devez essayer Rue La La, vous le croyez et vous l'essayez[46].

Rue La La déchaîne le pouvoir du bouche à oreille.

L'importance de la rareté et de l'exclusivité

Ce n'est peut-être pas évident à première vue, mais Rue La La a beaucoup de choses en commun avec Please Don't Tell, le bar dont il a été question au début de ce chapitre. Les deux font en effet appel à la rareté et à l'exclusivité pour faire en sorte que leurs clients se sentent dans le secret.

La rareté, soit la faible disponibilité d'un produit ou service, découle d'une forte demande, d'une production limitée ou d'un accès restreint en termes de temps ou d'espace. Le bar Please Don't Tell ne peut accueillir que 45 personnes à la fois. Les promotions de Rue La La ne durent que 24 heures, et certains de ses produits en solde disparaissent au bout de quelques minutes.

L'exclusivité correspond également à la faible disponibilité d'un produit ou service, mais elle est différente de la rareté en ce qu'elle dépend des caractéristiques des consommateurs. Un produit ou service exclusif n'est accessible qu'à des gens qui respectent certains critères. Pour bien des gens, l'exclusivité évoque des produits luxueux tels des montres Rolex incrustées de diamants à 20 000 $ ou des vacances dans les Antilles françaises avec les vedettes du cinéma. Or, l'exclusivité ne s'obtient pas que par l'argent ou la célébrité. Le fait d'être en possession de certaines informations ou de connaître des gens en possession de certaines informations amène l'exclusivité. C'est cette forme d'exclusivité qu'on retrouve chez Please Don't Tell et Rue La La. Nul besoin d'être une célébrité pour entrer au bar, mais puisqu'il est secret, peu de gens sont au courant de son existence. Et ce n'est pas en payant qu'on accède à Rue La La, mais en connaissant les bonnes personnes.

La rareté et l'exclusivité entraînent la popularité parce qu'elle crée le désir. Si un produit est difficile à obtenir, les gens supposeront qu'il vaut la peine qu'on fasse des efforts pour se le procurer[47]. S'il n'est pas ou plus disponible, on en déduira que bien des gens l'apprécient et que, par conséquent, il possède certainement des qualités (un aspect que nous examinerons davantage dans un chapitre ultérieur). De fait, les consommateurs préfèrent les livres de recettes offerts en quantités limitées, trouvent que les biscuits ont meilleur goût lorsqu'il y en a peu et estiment que les collants sont un produit haut de gamme lorsqu'il n'y en a pas beaucoup sur le marché[48].

La maison de production Disney a recours à cette stratégie afin d'accroître la demande pour ses vieux films d'animation. Par exemple, elle annonce qu'elle retirera bientôt du marché des favoris comme *Blanche-Neige* ou *Pinocchio* pour les déposer dans sa «voûte» jusqu'à ce qu'elle décide de les relancer. Pour ne pas rater l'occasion, on se sent *obligé* d'agir sans attendre et ce, même si jusque-là, on n'avait pas particulièrement envie du produit[49].

La rareté et l'exclusivité encouragent le bouche à oreille. Si une personne a quelque chose que peu de gens possèdent, elle se sentira unique, spéciale, importante. Non seulement elle aimera davantage le produit en question, mais elle en parlera aux autres. Pourquoi? Parce que cela la fera bien paraître à leurs yeux, ce qui lui permettra d'accumuler du capital social. Quelle est l'une des premières choses que fera une personne qui a fait la queue pendant des heures pour acheter le plus récent gadget techno? Elle le montrera aux autres. Regarde ce que *moi*, j'ai réussi obtenir!

Et si vous croyez que la rareté et l'exclusivité sont réservées à certains types de produits, laissez-moi vous raconter comment la chaîne de restaurants McDonald a créé du capital social à partir d'un mélange de tripes et d'abats.

L'histoire du McRib

En 1979, la chaîne McDonald lança les Chicken McNuggets. Compte tenu de l'immense popularité des croquettes, tous les franchisés américains en redemandèrent. Mais à l'époque, le système de distribution de McDonald n'était pas au point et ne permettait pas de répondre à la demande. On confia donc au chef exécutif Rene Arend la tâche de créer un substitut des McNuggets qui satisferait les franchisés malchanceux.

À son retour d'un voyage à Charleston, en Caroline du Sud, Arend inventa un sandwich au porc, le McRib*. Il avait été inspiré par la riche et savoureuse cuisine au barbecue, typique du sud des États-Unis, et il était convaincu qu'un tel sandwich serait un bel ajout au menu de McDonald.

Mais la viande du McRib n'a pas grand-chose à voir avec une entre-côte**. C'est un petit pâté de viande de porc hachée (et pas de la meilleure qualité) en forme de travers de porc. Pour obtenir un McRib, on y ajoute de la sauce barbecue, des oignons et des cornichons, et on met le tout dans un petit pain.

Le McRib passa haut la main les tests marketing. Les dirigeants de McDonald étaient optimistes et le sandwich fut ajouté au menu de tous les franchisés américains entre la Floride et Seattle.

Les ventes ne furent cependant pas à la hauteur des attentes. McDonald tenta de remédier à la chose notamment en offrant des promotions, mais rien ne fonctionna vraiment. Après quelques années, la multinationale abandonna le McRib, sous prétexte que la viande de porc ne plaisait pas tant que ça aux Américains.

Une dizaine d'années plus tard, pourtant, McDonald trouva moyen d'augmenter la demande pour le McRib sans dépenser un sou en publicité, sans diminuer le prix du sandwich, sans en modifier les ingrédients. Elle en fit simplement une rareté.

Parfois, le sandwich faisait un retour à l'échelle nationale pour une période limitée. Parfois, il était offert dans certains restaurants seulement. Pendant un mois, on le trouvait à Kansas City, Atlanta et Los Angeles, puis il disparaissait pour réapparaître deux mois plus tard, à Chicago, à Dallas et à Tampa.

Cette stratégie fonctionna à merveille. Les clients étaient tout excités à la perspective de pouvoir manger un McRib. Sur Facebook, on lança des pétitions pour que McDonald offre à nouveau le fameux sandwich.

---

* Le McCôte au Québec

** *Rib* signifie *côte*

On utilisa le réseau Twitter pour lui faire des déclarations d'amour (« J'ai de la chance, le McRib est de retour ») et pour repérer les franchisés qui en servaient (« Je n'utilise Twitter que pour savoir si mon McDo offre le McRib »). Certains allèrent même jusqu'à développer un localisateur de McRib. Tout cela pour un mélange de tripes et d'abats[50].

Peu importe qu'un produit soit cool ou un mélange de restants de cochon, le simple fait qu'il ne soit pas immédiatement disponible peut le rendre désirable. Et ceux qui ont la chance de le posséder ou d'en savoir davantage à son sujet se font du capital social en en parlant aux autres.

QUELQUES MOTS SUR LA MOTIVATION

Il y a quelques années, j'ai adhéré à une ligue de football américain *fantasy*, sacrifiant ainsi à un rite de passage masculin essentiel.

Les concurrents s'affrontent en jouant chacun à être le directeur général d'une équipe de football fictive composée de joueurs réels. Ils accumulent des points en fonction des véritables performances de ceux-ci.

Chaque semaine, ils passent des heures à modifier leurs formations et à évaluer les performances des joueurs afin de choisir les meilleurs. Ce passe-temps extrêmement populaire aux États-Unis m'avait toujours semblé étrange, mais lorsqu'un groupe d'amis m'a invité à faire partie de leur ligue, je n'ai pas vu de raison de refuser.

Et bien entendu, je suis devenu accro. Chaque semaine, je passe moi-même des heures à vérifier les fiches de joueurs dont je n'ai jamais entendu parler, à tenter de dénicher les prodiges qui passeraient inaperçus et, chose que je n'avais jamais faite auparavant, à regarder des matchs de football à la télé.

Mais le plus intéressant dans tout cela c'est que je le fais pour rien.

Non seulement je ne suis pas payé pour tout le travail de recherche que j'accomplis, mais au sein de ma ligue, nous ne faisons même pas de paris sur les résultats. Nous nous contentons de jouer pour le plaisir et, naturellement, pour nous vanter de nos bons choix. Puisque sortir vainqueur d'une compétition procure du capital social, nous sommes tous motivés. Et ce, même sans récompense en argent à la clé.

La morale de cette histoire ? Les gens n'ont pas besoin d'argent pour être motivés. Les managers ont tendance à recourir aux primes en argent pour inciter leurs employés à améliorer leur rendement. Mais ce n'est pas la bonne approche.

Dès qu'on offre de l'argent à quelqu'un pour qu'il fasse quelque chose, il perd sa motivation intrinsèque[51]. Les gens ne se font pas prier pour vanter les entreprises et les produits qu'ils aiment, et ils sont des millions à le faire gratuitement chaque jour sans qu'on le leur demande. Mais si on leur donne de l'argent pour qu'ils le fassent, leur discours ne reflétera plus leur véritable appréciation. En réalité, la qualité et la fréquence de leurs recommandations seront proportionnelles aux sommes qu'ils auront touchées. On comprend que cette stratégie peut s'avérer fort coûteuse.

Les primes de nature sociale, telle la possibilité d'accumuler du capital social, sont plus efficaces à long terme. Foursquare ne verse pas un sou aux gens pour qu'ils indiquent où ils se trouvent, et les compagnies aériennes n'offrent aucun rabais à leurs grands voyageurs. Mais ces deux entreprises réussissent à faire parler d'elles en tirant parti du désir de leurs clients de faire bonne impression auprès de leurs pairs.

S'IL VOUS PLAÎT, N'EN PARLEZ À PERSONNE... BON, D'ACCORD, PEUT-ÊTRE À UNE SEULE

Si vous voulez que les gens parlent de vos produits ou concepts, vous devez, entre autres, leur permettre d'accumuler du capital social. Autrement dit, votre produit ou concept doit leur permettre de faire bonne impression. Découvrez en quoi il est digne d'attention (remarquabilité intrinsèque), exploitez son potentiel ludique et compétitif, et faites bon usage du principe de rareté et d'exclusivité pour que les gens se sentent dans le secret, dans le coup.

Le désir de bien paraître et de parler de soi nous ramène tout droit à Please Don't Tell. Les brillants propriétaires de ce bar ont bien compris l'importance de l'exclusivité, mais ils ne s'en sont pas tenus qu'à ce principe. Lorsque vous prenez un verre au Please Don't Tell, le serveur vous remet une carte de visite où figurent le nom du bar et son numéro de téléphone. Avec son lettrage rouge sur fond noir, elle a l'air d'une carte de diseur de bonne aventure.

Tout suggère le secret dans l'expérience du Please Don't Tell, mais au final, on s'assure que vous avez les moyens d'en parler.

CHAPITRE 2

LES DÉCLENCHEURS

Walt Disney World. Dites ces mots à n'importe quel enfant de moins de huit ans et attendez de voir sa réaction. Chaque année, plus de 18 millions de personnes de tous les coins du monde visitent le parc thématique d'Orlando, en Floride. Les enfants adorent avoir peur dans Space Mountain et la Tour de la terreur, et s'émerveiller devant le château de Cendrillon. Même les adultes sont rayonnants de joie lorsqu'ils serrent la pince des Mickey Mouse, Goofy et autres personnages qui ont marqué leur enfance.

Ma première visite à Disney World, au début des années 1990, est mémorable. Mon cousin et moi avions été choisis dans l'assistance pour incarner Gilligan et le capitaine dans une reconstitution de *Les joyeux naufragés*. Dans ma famille, on parle encore de l'air triomphant que j'arborais aux commandes du bateau, trempé de la tête aux pieds à cause des dizaines de seaux d'eau dont on m'avait aspergé.

Maintenant, pensez aux céréales prêtes à manger Cheerios. Oui, vous avez bien lu, les céréales au miel et aux noix, avec une abeille comme mascotte. Considérées comme un choix bon pour la santé pour le petit déjeuner, les Cheerios sont quand même assez sucrées pour plaire aux enfants et à tout amateur de sucreries. Aux États-Unis, c'est un classique du petit déjeuner.

Selon vous, lequel de ces deux produits fait le plus parler de lui ? Le royaume magique où tous les rêves deviennent réalité ou les céréales de grains entiers qui contribuent à réduire le taux de cholestérol sanguin ?

Vous pensez sans doute que c'est Disney World. Après tout, il est beaucoup plus captivant de parler d'aventures que de ce qu'on a mangé au petit déjeuner. Les bonzes du marketing et les gourous des médias sociaux s'entendent sur le fait que pour déclencher le bouche à oreille, il faut être intéressant. Selon un célèbre spécialiste de la question, « personne ne parle des entreprises ennuyeuses, des produits ennuyeux ou des pubs ennuyeuses[52] ».

Eh bien, il a tort, tout comme ceux qui pensent qu'il faut absolument être intéressant pour faire parler de soi. Et si vous poursuivez votre lecture, vous comprendrez que cela ne contredit en rien ce dont il a été question dans le premier chapitre. Les gens parlent davantage des Cheerios que de Disney World[53] en raison des *déclencheurs*.

LE BUZZ DE BZZAGENT

Il ne viendrait à l'idée de personne de prendre Dave Balter pour l'un des requins de Madison Avenue tels qu'ils sont dépeints dans la populaire série américaine *Mad Men*. Avec ses joues rebondies, ses lunettes à monture métallique et son grand sourire, il fait beaucoup plus jeune que ses 40 ans. Ça ne l'empêche pas d'être un passionné de marketing. Oui, de *marketing*. Pour Dave, faire du marketing, ce n'est pas convaincre les gens d'acheter des choses qu'ils n'aiment pas ou dont ils n'ont pas besoin, c'est plutôt tirer parti de leur véritable enthousiasme envers les produits et services qu'ils trouvent utiles, amusants ou attrayants. C'est répandre l'amour.

Dave a été spécialiste de la fidélisation de la clientèle et propriétaire de deux agences de promotion avant de fonder son actuelle entreprise, BzzAgent. Voici comment elle fonctionne.

Supposons qu'une entreprise lance une nouvelle brosse à dents électrique sur le marché. Les ventes vont bien, mais la plupart des gens ne connaissent pas ce nouveau produit et ne voient pas vraiment pourquoi ils devraient se le procurer. Certes, ceux qui en possèdent déjà une en parlent, mais le fabricant voudrait accélérer les choses.

C'est là que BzzAgent intervient.

Au fil des ans, BzzAgent a monté un réseau de plus de 800 000 BzzAgents, soit des gens qui ont montré de l'intérêt à connaître et à essayer de nouveaux produits. Ils sont de tous les âges, et de toutes les classes socio-économiques. Mais la plupart ont entre 18 et 54 ans, ils sont instruits et appartiennent à la classe moyenne. Ce sont des professeurs, des mères au foyer, des professionnels, des titulaires de Ph. D. et même des chefs d'entreprises.

En fait, les BzzAgents représentent les diverses strates de la population américaine.

Lorsqu'un nouveau client sollicite les services de BzzAgent, on lui demande d'abord de déterminer les caractéristiques démographiques ou psychologiques des gens qu'il veut rejoindre ou qui, selon lui, seront attirés par son produit. L'équipe de Dave explore alors la vaste base de données de BzzAgent à la recherche d'agents dont le profil correspond aux critères fixés. Supposons, dans le cas de notre fabricant de brosses à dents électriques, que ce sont des professionnels occupés de 25 à 35 ans vivant sur la côte Est, ainsi que des mères travaillant à l'extérieur de la maison et ayant à cœur l'hygiène dentaire de leurs enfants.

BzzAgent invite ensuite les agents sélectionnés à participer à la campagne. Ceux qui acceptent reçoivent par la poste une trousse contenant de l'information sur le produit, ainsi qu'un exemplaire du produit ou un coupon échangeable en magasin (formule pratique qui évite d'envoyer par exemple un sandwich par la poste). Les agents qui ont participé à la campagne de promotion de la brosse à dents électrique ont également reçu des bons de réduction de 10 $ à offrir à leurs parents et amis pour qu'ils se procurent une brosse à dents électrique.

Puis, pendant quelques mois, les BzzAgents remettent à l'agence des rapports décrivant leurs conversations sur le produit. Il est à noter que les BzzAgents ne sont pas rémunérés. Ils participent à ces campagnes pour recevoir des produits gratuits et les connaître avant tout le monde. Et ils ne sont jamais encouragés à dire quoi que ce soit d'autre que ce qu'ils pensent sincèrement que ce soit positif ou négatif.

Lorsque l'on entend parler de la méthode de BzzAgent pour la première fois, on a de la difficulté à croire que les agents pourront parler naturellement et spontanément des produits et des marques. Tout le processus paraît artificiel.

On ne se rend pas compte que, au contraire, on en parle sans cesse, sans qu'on soit forcé à le faire. Chaque jour, l'Américain moyen participe à plus de 16 conversations sur les entreprises, les marques ou les services[54]. On suggère un restaurant à un collègue, on parle des soldes en cours à un ami et on recommande une gardienne d'enfants fiable à ses voisins. Globalement, les consommateurs américains évoquent des marques particulières plus de 3 milliards de fois par jour. C'est presque autant que leur nombre de respirations[55]. Ces conversations vont tellement de soi qu'elles passent inaperçues.

Si vous ne me croyez pas, tenez un registre de vos conversations. Prenez note de tout ce dont vous parlerez pendant les 24 prochaines heures. Vous serez surpris du nombre de produits et services dont vous aurez fait mention.

Comme je voulais savoir comment fonctionne une BzzCampagne, je suis moi-même devenu BzzAgent. J'ai accepté de participer à la campagne de promotion de la nouvelle boisson de soja aux amandes que venait de lancer Silk, car je suis fana de ce genre de boissons. J'ai donc reçu par la poste un coupon que j'ai échangé contre le produit et je l'ai essayé. C'était délicieux.

En fait, c'était tellement bon que *je n'avais d'autre choix* que d'en parler à mon entourage. Notamment, j'en ai parlé à des amis qui habituellement ne boivent pas de boissons de soja et je leur ai remis des coupons pour qu'ils essaient la Silk aux amandes. Rien ne m'obligeait à le faire, personne ne me surveillait. J'ai simplement apprécié le produit et pensé que d'autres l'aimeraient également.

Voilà pourquoi BzzAgent et d'autres firmes de marketing par bouche à oreille sont tellement efficaces. Elles ne forcent personne à parler en bien des produits et n'encouragent personne à les recommander artificiellement en cours de conversation. Elles profitent simplement du fait que les gens parlent des produits et des services, surtout s'ils les reçoivent gratuitement et qu'ils les aiment.

LA RELATIVE IMPORTANCE DE L'INTÉRÊT

BzzAgent a dirigé des centaines de campagnes de promotions par le bouche à oreille pour des clients aussi variés que Ralph Lauren ou les hôtels Holiday Inn Express. Certaines ont mieux réussi que d'autres. Pourquoi ? Est-ce une simple question de chance ? Ou, au contraire, est-ce que cela dépend de critères que respecteraient certains produits et non les autres ?

J'ai offert à Dave de l'aider à répondre à cette question. Ravi, il m'a donné accès aux données de centaines de campagnes qu'il avait orchestrées au cours des années[56].

Mon collègue Eric Schwartz et moi-même avons commencé par vérifier une de nos intuitions : on parle davantage des produits intéressants que des produits ennuyeux. Un produit peut être intéressant parce qu'il est innovateur et excitant ou parce qu'il procure d'autres fonctions que celles prévues par les concepteurs. Dans cette perspective, les films d'action et Disney World feraient davantage parler d'eux que les Cheerios et le savon à vaisselle.

A priori, cela est sensé. Comme nous en avons discuté dans le chapitre précédent, lorsqu'on parle à quelqu'un, on ne fait pas que lui communiquer de l'information, on lui dit quelque chose sur soi. Lorsqu'on vante un nouveau film étranger ou qu'on se montre déçu du restaurant thaï du quartier, on fait étalage de ses connaissances culturelles ou culinaires. Si l'on veut se montrer intéressant, il faut parler de choses intéressantes. Qui voudrait frayer avec une personne qui ne parle que du savon à vaisselle et des céréales ?

Suivant la même intuition, les publicitaires cherchent souvent à créer des annonces surprenantes ou même choquantes. Des singes qui dansent ou des loups qui pourchassent une fanfare*. Il en va de même des concepteurs de campagnes de marketing viral. Ils sont convaincus qu'il faut faire les choses différemment pour que les gens en parlent.

Mais est-ce vrai? Faut-il qu'un produit soit intéressant pour qu'on en parle?

Pour le découvrir, nous avons demandé à nos sujets de noter le niveau d'intérêt que suscitait chacun des quelques centaines de produits ayant fait l'objet d'une campagne de BzzAgent. Ils ont accordé des notes assez élevées à un appareil de nettoyage de douche automatisé et à un service de conservation des cordons ombilicaux, et plutôt faibles à un rince-bouche et à un mélange de noix.

Nous avons ensuite examiné la relation entre le niveau d'intérêt de chaque produit et le nombre de fois que les BzzAgents en avaient parlé lors d'une campagne de dix semaines.

Force a été de constater qu'il n'y avait aucune corrélation. Les produits intéressants n'avaient pas fait plus parler d'eux que les produits ennuyeux.

Déconcertés, nous avons pris du recul. Peut-être qu'« intérêt » n'était pas le bon terme, qu'il était trop vague ou trop général. Nous avons donc demandé à nos sujets de noter les produits en fonction de dimensions plus concrètes telles que leur degré d'innovation ou leur degré de surprise. Une brosse à dents électrique a été considérée comme plus innovatrice qu'un bac de rangement en plastique, et des chaussures chics très confortables, comme plus surprenantes que des serviettes éponges.

---

* L'auteur fait probablement référence à une publicité de la chaîne de restaurants Arby's (voir http://www.youtube.com/watch?v=swiSVMvN7KM) et à une publicité de l'entreprise de produits informatiques en ligne Outpost.com (voir http://www.youtube.com/watch?v=9cmT8M_67ow).

Mais il n'y avait toujours pas de lien entre l'innovation ou la surprise et le bouche à oreille. Les produits avaient beau être innovateurs ou surprenants, ils ne faisaient pas plus parler d'eux.

Nous avons fait un nouvel examen de conscience et en avons conclu que le problème avait peut-être à voir avec les gens qui notaient les produits. Nous avons donc troqué nos étudiants de premier cycle universitaire contre des personnes de tous horizons.

Cela n'a absolument rien changé à nos résultats. Il n'y avait toujours pas de liens entre le niveau d'intérêt, ou le degré d'innovation ou de surprise d'un produit et le nombre de fois qu'on en parlait.

Nous étions de plus en plus perplexes. Qu'est-ce qui clochait dans notre étude?

BUZZ IMMÉDIAT, BOUCHE À OREILLE CONTINU

Rien ne clochait dans notre étude. Seulement, nous ne posions pas les bonnes questions. Nous étions obnubilés par l'importance *absolue* de certains attributs des produits : leur niveau d'intérêt, et leur degré d'innovation et de surprise. Mais nous avons bientôt compris que nous devions aussi examiner *la durée* du bouche à oreille qu'ils provoquent.

Le bouche à oreille peut en effet être soit immédiat, soit continu. Supposons que vous receviez un courriel sur un nouveau projet de recyclage. Si vous en parlez à vos collègues et à votre conjoint le jour même, vous déclenchez un bouche à oreille *immédiat*. Autrement dit, vous transmettez sans attendre l'information que vous venez d'obtenir ou les détails d'une expérience que vous venez de vivre.

Le bouche à oreille continu, quant à lui, englobe les conversations que vous avez des semaines et des mois plus tard. C'est le cas, par exemple, lorsque vous parlez d'un film que vous avez vu il y a un mois ou des vacances que vous avez prises l'an dernier.

La valeur de chacun de ces deux types de bouche à oreille dépend du produit ou du concept auquel il s'applique. La popularité d'un film dépend du bouche à oreille immédiat. L'exploitant d'une salle de cinéma cherchera en effet à rentabiliser un film dès sa sortie. Si celui-ci n'attire pas immédiatement beaucoup de monde, il sera bientôt remplacé. Il en va de même des nouveaux produits alimentaires. L'espace des rayons d'épicerie étant restreint, les nouveaux produits boudés par les consommateurs n'y font pas long feu. Dans ces deux cas, il est essentiel que le bouche à oreille soit déclenché immédiatement.

Mais la plupart des produits et concepts bénéficient du bouche à oreille continu. Les responsables d'une campagne de lutte contre l'intimidation espèrent que les étudiants en parleront jusqu'à ce que le phénomène soit éradiqué. Les politiciens qui proposent des projets de loi veulent qu'on en débatte longtemps de façon à influencer le vote des citoyens le jour de l'élection.

Mais quels éléments poussent les gens à parler d'un événement tout de suite après qu'il s'est produit ? En quoi sont-ils différents de ceux qui les incitent à en parler des semaines ou des mois plus tard ?

Pour répondre à ces questions, nous avons réparti les données relatives aux campagnes de BzzAgent en fonction du type de bouche à oreille qu'elles avaient provoqué : immédiat ou continu. Nous avons ensuite quantifié le buzz généré par les différents types de produits.

Comme nous nous y attendions, les produits intéressants ont fait parler d'eux beaucoup plus rapidement que les produits ennuyeux. Cette constatation confirme une observation que nous avons faite dans le chapitre précédent : les produits ou concepts intéressants divertissent et permettent aux gens qui en parlent de faire bonne impression.

Mais dans le cas des produits intéressants, le bouche à oreille ne *dure* pas. Au bout d'un certain temps, on n'en parle pas plus qu'on ne parle des produits ennuyeux.

Supposons qu'un jour, je me présente au travail déguisé en pirate : long gilet, bandana en satin rouge autour du cou, anneaux en or aux oreilles et bandeau sur un œil. Je ne manquerais pas de me faire remarquer. Probablement que mes collègues en parleraient toute la journée (« Qu'est-ce qui lui prend ? Nous n'avons pas de code vestimentaire, mais là il va un peu loin ! »).

Mais probablement qu'ils n'en parleraient pas chaque semaine pendant deux mois.

Donc, qu'est-ce qui entretient le bouche à oreille si ce n'est pas le niveau d'intérêt suscité par un produit, un concept ou un événement?

LE POUVOIR DES DÉCLENCHEURS

Selon le moment de la journée, certaines pensées sont plus présentes à l'esprit, plus accessibles[57]. En ce moment, par exemple, vous pensez peut-être à la phrase que vous êtes en train de lire ou à ce que vous avez mangé à midi.

Certaines pensées sont automatiques, presque obsessives[58]. Ainsi, les fans de sports réfléchissent constamment aux statistiques concernant leur équipe préférée, tandis que les gourmands ont toujours une quelconque recette à l'esprit.

L'environnement peut aussi influencer les pensées et les idées qui nous traversent l'esprit. La vue d'un petit chien pendant que vous faites une promenade dans un parc peut vous rappeler que vous en avez toujours voulu un. L'odeur de mets chinois lorsque vous rentrez à la maison vous incitera peut-être à vous demander ce que vous mangerez pour dîner. Une chanson à la radio pourra vous faire penser à la robe que vous voulez acheter pour votre prochaine sortie en boîte. Les images, les odeurs et les sons sont susceptibles de *déclencher* des pensées et des idées. Un redoux en hiver peut vous faire penser aux changements climatiques. La photo d'une plage sablonneuse dans un magazine peut évoquer une bière bien froide[59].

Les produits sont eux-mêmes de solides déclencheurs. Ils peuvent agir directement: la vue d'une voiture fait penser à... une voiture. Mais ils peuvent aussi agir de façon indirecte: la vue d'une bouteille de vin peut faire penser à son fréquent compagnon, le fromage. De façon générale, les déclencheurs sont des objets que l'on retrouve dans l'environnement et qui rappellent des idées et des concepts qui leur sont reliés.

Et pourquoi est-il important de les leur rappeler ? Parce que les idées et concepts accessibles, soit ceux que l'on a à l'esprit à un moment donné, incitent à *agir*. Voici un cas qui illustre bien ce principe.

Mars et Mars

En 1997, la compagnie Mars a noté une hausse inattendue dans ses ventes de barres de chocolat[60]. Or, elle n'avait aucunement modifié sa stratégie marketing, n'avait fait ni publicité ni promotion spéciale, et n'avait pas modifié ses prix. Comment s'expliquait alors la hausse des ventes ?

Par la mission Pathfinder de la NASA.

Lancée en orbite à la fin de 1996, la sonde spatiale Pathfinder devait se poser sur une certaine planète plusieurs mois plus tard et en analyser l'atmosphère, le climat et la géologie. Cette mission, qui avait nécessité des années de préparation et des millions de dollars de financement, captivait le monde entier. On en parlait constamment aux actualités.

Quelle était la destination de la sonde ? Mars.

La barre Mars n'a rien à voir avec la planète. Elle a été baptisée ainsi d'après le nom du fondateur de la compagnie, Franklin Mars. Mais l'attention médiatique que la planète a reçue a agi comme un déclencheur qui a rappelé aux gens l'existence de la barre du même nom.

Des déclencheurs inattendus

Les chercheurs Adrian North, David Hargreaves et Jennifer McKendrick ont étudié l'effet de certains déclencheurs sur la consommation de certains produits au supermarché[61]. Ils ont d'abord remplacé la Muzak qu'on y entend habituellement par de la musique ethnique. Certains jours, ils faisaient jouer de la musique typiquement française – soit des airs qu'on s'attend à entendre dans un café au bord de la Seine – et d'autres jours, de la musique typiquement allemande – soit ce qu'on s'attend à entendre dans une Oktoberfest. Les chercheurs ont ensuite examiné quels vins les consommateurs avaient achetés.

La plupart des consommateurs achetaient du vin français s'ils entendaient de la musique française et du vin allemand s'ils entendaient de la musique allemande. Autrement dit, la musique les a incités à penser à la France ou à l'Allemagne, et cela a eu un effet sur leurs achats. Elle a rendu plus accessibles dans leur esprit les idées qu'ils avaient relativement à l'un ou l'autre de ces pays, et ces idées ont eu un effet sur leurs comportements de consommation.

La psychologue Gráinne Fitzsimons et moi-même avons mené une étude sur les stratégies utilisées pour encourager les gens à manger davantage de fruits et de légumes[62]. Il est très difficile de promouvoir les saines habitudes alimentaires. La plupart des gens sont conscients de la nécessité de manger plus de fruits et légumes. Ils diront même qu'ils ont *l'intention* d'en consommer davantage. Mais quand vient le temps d'en mettre dans leur caddie ou dans leur assiette, ils oublient. Nous avons pensé leur rafraîchir la mémoire en utilisant des déclencheurs.

Nous avons demandé à nos sujets, des étudiants vivant sur le campus, de nous rapporter par écrit ce qu'ils mangeaient chaque jour au petit déjeuner, au déjeuner et au dîner à la cafétéria. Lundi : bol de Frosted Flakes ; lasagne à la dinde avec salade ; sandwich au porc, avec épinards et frites. Mardi : yaourt, fruits et noix, pizza et Sprite, pad thaï aux crevettes. Et ainsi de suite pendant deux semaines. Chacun recevait 20 $ pour sa peine.

Au bout d'une semaine, ils ont été invités à participer à une autre étude qui apparemment n'avait aucun lien avec la première. Ils devaient dire ce qu'ils pensaient d'un slogan qui faisait la promotion de la santé publique. Et pour qu'ils n'oublient pas le slogan, on le leur a montré plus de 20 fois, en différents caractères et différentes couleurs.

Les étudiants ont été répartis en deux groupes respectivement exposés à deux slogans : «Vivez une vie plus saine : mangez cinq fruits et légumes par jour» et au slogan «Votre plateau de cafétéria a besoin de cinq fruits et légumes par jour». Le premier était d'ordre plus général, tandis que le deuxième utilisait ce que nous espérions être un déclencheur : les plateaux qui servent à transporter les repas à la cafétéria.

Les sujets du deuxième groupe ont trouvé leur slogan bébête. Toutes proportions gardées, ils lui accordé une note équivalant à moins de la moitié de celle que les sujets du premier groupe ont attribuée au slogan plus général. Nous avons également demandé à tous les sujets si le slogan auquel ils avaient été exposés influencerait leur consommation de fruits et légumes. Ceux du deuxième groupe étaient beaucoup plus nombreux que ceux du premier groupe à répondre par la négative.

Mais quand nous avons examiné les véritables comportements de nos sujets, nous avons constaté qu'il en a été tout autrement. Les étudiants exposés au slogan général n'ont pas changé leurs habitudes, tandis que ceux qui avaient été exposés au slogan sur le plateau les ont modifiées de façon significative. Ils ont mangé 25 % plus de fruits et de légumes qu'auparavant. Le déclencheur avait bel et bien fonctionné.

Nous étions ravis des résultats. Convaincre des étudiants de faire quoi que ce soit – surtout manger plus de fruits et de légumes – est tout un exploit.

Les choses sont devenues encore plus intéressantes lorsqu'un de nos collègues, qui avaient entendu parler de notre étude, s'est demandé si on pouvait pareillement influencer un tout autre type de comportement : le vote.

Si je vous demande où vous avez voté à la dernière élection à laquelle vous avez participé, vous répondrez probablement en mentionnant le nom de votre ville ou de votre État : Evanston, Birmingham, Floride, Nevada. Si je vous invite à être plus précis, vous me direz que c'était « près du bureau » ou « près du supermarché ». Ça s'arrêtera là, et ce n'est guère étonnant. Il existe un lien évident entre la région où l'on habite aux États-Unis et les résultats du vote aux élections présidentielles (traditionnellement la côte Est vote Démocrate et le Sud, Républicain), mais le lieu où se situe le bureau de vote semble n'avoir que peu d'importance.

Selon les politologues, le vote est basé sur un choix rationnel : les gens possèdent un ensemble de croyances fondamentales qui orientent leur décision au moment d'aller aux urnes[63]. Ceux qui sont préoccupés par l'environnement voteront pour le candidat qui a promis de protéger les ressources naturelles. Ceux qui sont préoccupés par le système de santé voteront pour le candidat qui a promis de le rendre plus accessible. Si l'on se fie à ce modèle cognitif du comportement du votant, l'endroit où celui-ci dépose son bulletin de vote ne devrait aucunement influencer sa décision.

Et pourtant, il l'influence.

Aux États-Unis, la plupart des bureaux de vote se trouvent dans des immeubles publics : casernes de pompier, palais de justice, écoles, immeubles de bureaux et églises. Ces différents lieux sont remplis de différents déclencheurs. Les symboles religieux des églises évoquent la doctrine religieuse. Les pupitres et tableaux noirs des écoles sont autant de rappels de l'enfance et des expériences scolaires. Ces pensées peuvent-elles influencer le comportement ?

Si l'on se trouve dans une église, est-on plus enclin à voter contre l'avortement ou le mariage gay ? Si le bureau de vote se situe dans une école, sera-t-on porté à approuver le financement de l'éducation ?

Pour vérifier ces hypothèses, Marc Meredith, Christian Wheeler et moi-même avons examiné les résultats du vote aux élections générales de 2000 en Arizona en fonction de l'emplacement des bureaux de vote[64]. Nous avons d'abord déterminé où les électeurs exerçaient leur droit de vote. Quarante pour cent devaient se rendre dans des églises, 26 % dans des écoles, 10 % dans des centres communautaires et le reste dans des édifices à logements, des terrains de golf et même des parcs pour caravanes.

Nous nous sommes ensuite penchés sur une seule des questions soumises au vote des citoyens : un projet de loi visant à faire passer de 5 % à 5,6 % la taxe de vente afin de financer les écoles publiques*. Ce projet avait fait l'objet de houleux débats, et les arguments étaient aussi

---

* Aux États-Unis, il arrive souvent que le jour de l'élection, les votants soient appelés à se prononcer non seulement sur le choix de la personne qui occupera un poste dans l'administration publique, mais aussi sur des questions d'ordre politique, des mesures législatives, etc.

solides dans un camp que dans l'autre. La plupart des gens veulent bien soutenir l'éducation publique, mais sans pour autant payer plus de taxes. C'était une question épineuse.

Si l'emplacement du bureau de vote n'a pas d'importance, la proportion des électeurs en faveur du projet aurait dû être la même dans tous les bureaux de vote, qu'ils aient été ou non dans des écoles.

Mais ça n'a pas été le cas. Environ 10 000 personnes de plus se sont prononcées en faveur du projet de loi lorsqu'elles votaient dans des écoles. L'emplacement a donc influencé le vote de façon spectaculaire.

D'ailleurs, le projet a été accepté.

Cette différence a persisté même après la pondération d'aspects tels que les données démographiques, les tendances partisanes des différentes régions, le fait que les gens habitent ou non près d'une école. Le fait qu'ils se soient trouvés à l'intérieur d'une école au moment de voter a bel et bien déclenché chez eux un comportement plus favorable envers l'éducation.

Une différence de 10 000 votes dans une élection à la grandeur d'un État peut ne pas sembler significative. Mais elle était plus que suffisante pour faire pencher la balance. Lors de l'élection présidentielle de la même année, pas plus que 1 000 électeurs ont permis à George Bush de l'emporter sur Al Gore. C'est 10 fois moins que 10 000.

UN VENDREDI PLUS POPULAIRE... LE VENDREDI

En 2011, Rebecca Black a accompli un exploit phénoménal. Elle a lancé sur YouTube une chanson dont les critiques ont dit qu'elle était la pire de tous les temps.

Née en 1997, Rebecca n'avait que 13 ans à l'époque. Mais elle n'en était pas à ses premières armes dans la musique. Elle avait passé des auditions pour paraître dans des spectacles, participé à des camps de musique et chanté devant un public à plusieurs reprises. À la fin de 2010, ses parents ont déboursé 4 000 $ pour qu'une maison de disques de Los Angeles, ARK Music Factory, lui compose une chanson[65].

Le résultat est effectivement terrible. Intitulée *Friday* (vendredi), la chanson est un ramassis de jérémiades et de clichés sur l'adolescence et les joies du week-end. Une jeune fille se lève le vendredi matin et se prépare pour aller à l'école :

Seven a.m., waking up in the morning
Gotta be fresh, gotta go downstairs
Gotta have my bowl, gotta have cereal *

Elle se rend à l'arrêt de bus, voit ses amis qui passent en voiture et l'invitent à se joindre à eux. Elle se demande si elle s'assoira sur la banquette avant ou derrière. Elle entame ensuite le refrain qui est une ode au week-end imminent, à ces deux jours de liberté :

It's Friday, Friday
Gotta get down on Friday
Everybody's lookin' forward to the weekend, weekend **.

En fait, tout cela ressemble davantage à un monologue sur les pensées aléatoires et particulièrement niaises d'une adolescente qu'à une vraie chanson.

Friday a pourtant été la vidéo la plus virale de 2011. Elle a été vue plus de 300 millions de fois sur YouTube, et plusieurs autres millions de fois sur diverses autres plateformes.

Comment expliquer le succès de cette chanson médiocre ?

Jetez un coup d'œil au graphique de la page suivante. Il présente le nombre de recherches effectuées quotidiennement sur YouTube à partir des mots-clés « Rebecca Black » en mars 2011, soit peu de temps après le lancement de *Friday*.

---

* Traduction libre : Sept heures du matin, je me lève. Je dois avoir l'air fraîche et dispose. Je dois descendre. Mon bol, mes céréales.

** C'est vendredi, vendredi ; enfin c'est vendredi ; tout le monde attend le week-end, le week-end.

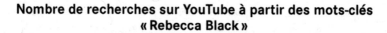

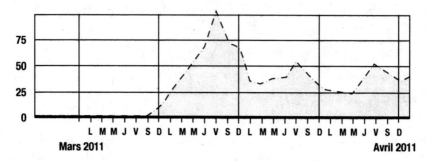

Comme vous le remarquez sans doute, la courbe présente des pics à intervalles réguliers : le 18 mars, le 25 mars, le 1er avril. Si vous regardez d'un peu plus près, vous verrez qu'ils se produisent toujours le même jour… un vendredi. Comme le titre de la chanson.

Friday a beau avoir été mauvaise tous les jours de la semaine, chaque vendredi, elle bénéficiait d'un solide déclencheur qui a contribué à son succès.

LES DÉCLENCHEURS DE CONVERSATION

Comme nous en avons discuté dans le chapitre précédent, les gens parlent souvent pour faire bonne impression. S'ils racontent des anecdotes ou des faits amusants ou captivants, il y a de fortes chances qu'ils paraissent eux-mêmes drôles et intéressants. Mais ce n'est pas la seule raison pour laquelle ils parlent.

Dans la plupart des cas en effet, les conversations ne sont que du bavardage, voire du remplissage. Les gens papotent en regardant leurs enfants jouer au foot, en faisant une pause au travail, etc. Ils parlent parce qu'ils en ont l'occasion et non pas nécessairement pour se montrer intéressants, drôles ou intelligents. Le silence rend mal à l'aise, donc on fait la causette.

De quoi parle-t-on ? De ce qu'on a à l'esprit. Que pensez-vous de la construction du nouveau pont ? Comment as-tu trouvé le match, hier soir ? Et si on songe à certaines choses plutôt qu'à d'autres, c'est parce qu'elles peuplent l'environnement social. On pense à la construction parce qu'on a vu des bulldozers en venant au travail. On pense au match qui s'est déroulé la veille parce qu'on est tombé sur un ami fanatique de sports. Autrement dit, les déclencheurs font parler[66].

Dans le cadre de notre analyse des données recueillies auprès de BzzAgent, nous avons observé que dans la plupart des cas un produit relié à un déclencheur fait parler de lui 15 % plus souvent[67]. Même des produits aussi banals que la crème hydratante et les sacs Ziploc ont beaucoup fait parler d'eux parce qu'ils sont associés à des déclencheurs très présents. Le cas échéant, les gens font usage de crème hydratante au moins une fois par jour, et ils utilisent des sacs Ziploc pour y conserver leurs restes de repas. À cause de la fréquence de ces activités, on pense souvent à ces produits et on en parle souvent. Qui plus est, on en parle pendant longtemps.

Dans cette perspective, les sacs Ziploc sont l'antithèse de mon déguisement de pirate. Ce dernier peut certainement faire l'objet d'une anecdote intéressante aujourd'hui. Mais on n'en parlera plus dès demain. Tout ennuyeux soient-ils, les sacs Ziploc font parler d'eux semaine après semaine parce qu'ils sont associés à des déclencheurs que l'on retrouve en abondance dans l'environnement. En agissant comme des rappels, non seulement les déclencheurs font-ils parler les gens, mais ils continuent de les faire parler.

L'importance du contexte

Plutôt que de viser uniquement à trouver un slogan accrocheur pour un produit, on a intérêt à tenir compte de son contexte. Autrement dit, il faut déterminer si le produit est associé à des déclencheurs qu'on retrouve régulièrement dans l'environnement du public cible. Or, on cède souvent à la tentation de se montrer intéressant. Que l'on brigue les suffrages des électeurs ou que l'on cherche à vendre des boissons gazeuses, on est convaincu que l'on y arrivera grâce à des slogans spirituels.

Mais comme nous l'avons vu plus haut dans l'étude sur la promotion d'une saine alimentation auprès des étudiants, un solide déclencheur (le plateau) peut être beaucoup plus efficace qu'un élégant slogan. Parce qu'il contenait un déclencheur, le slogan que les sujets détestaient les a convaincus de modifier leurs habitudes alimentaires, tandis que le slogan plus élégant n'a eu aucune influence sur eux.

Il y a quelques années, la société d'assurance automobile GEICO a produit une publicité où l'on disait que souscrire une assurance de cette entreprise était tellement simple que même un homme des cavernes en était capable. C'était à la fois drôle et convaincant. Mais cette annonce ne contenait aucun déclencheur, car on voit peu d'hommes des cavernes dans la vie de tous les jours de nos jours. Il est donc peu probable qu'on l'ait eue à l'esprit et qu'on en ait parlé.

En revanche, la publicité *Wassup?* ˙ de Budweiser a été très efficace en matière de déclencheurs. Elle met en scène deux jeunes hommes qui se parlent au téléphone tout en buvant de la bière Budweiser et en regardant un match de basketball à la télévision. Un troisième larron arrive et crie : « Wassup ? » Ce à quoi l'un des deux autres réplique « Wassup ? » Démarre alors une série de « Wassup ? » que se lancent un nombre de plus en plus important d'amateurs de Budweiser.

Non, ce n'était pas une publicité très brillante. Mais elle est devenue virale et ce, en partie, grâce aux déclencheurs. Budweiser a tenu compte du contexte de son produit. « Wassup » était une forme de salutation très répandue chez les jeunes hommes à l'époque. Le seul fait de se saluer a dès lors fait penser à la bière Budweiser au sein même de la clientèle cible.

Plus on souhaite que le nouveau comportement de consommation persiste, plus la présence de déclencheurs est importante. Les études de marché portent souvent sur la réaction immédiate des consommateurs à une campagne ou à un message publicitaire. Ce type d'évaluation est

---

* Littéralement, « What's up? » qui, toujours littéralement, signifie « Quoi de neuf ? ». Il s'agit d'une forme de salutation très familière à laquelle on peut répondre simplement par « What's up ». En ce sens, cette expression fonctionne un peu comme le « How do you do ? » qui n'attend pas vraiment de réponse.

pertinent si les gens ont aussitôt l'occasion d'acheter le produit. Mais dans la plupart des cas, il se passe des jours, voire des semaines, entre le moment où les gens sont exposés à une publicité et celui où ils vont au magasin. En l'absence de déclencheurs pour évoquer le produit, il y a peu de chances qu'ils s'en souviennent au magasin.

Les responsables des campagnes de promotion de santé publique auraient intérêt à tenir compte du contexte de leurs messages. Les affiches qui incitent les jeunes à boire modérément, par exemple, sont faites intelligemment et sont convaincantes. Mais on les retrouve essentiellement dans les centres médicaux des campus, soit très loin des établissements où les étudiants consomment de l'alcool. En l'absence de déclencheurs pour leur rappeler de faire preuve de modération au moment où ils boivent, les jeunes risquent de ne pas modifier leurs comportements.

« Mauvaise » publicité

Les déclencheurs contribuent même à expliquer pourquoi une déplorable popularité peut, au final, être avantageuse. L'économiste Alan Sorensen, Scott Rasmussen et moi-même avons analysé des centaines de critiques de livres du *New York Times* pour déterminer dans quelle mesure les mauvaises et les bonnes critiques influençaient les ventes[68].

Contrairement à l'idée reçue voulant que toute forme de publicité soit bonne, une mauvaise critique a un terrible effet sur les ventes d'un livre, sauf lorsque son auteur est peu ou pas connu. Dans ce cas, les ventes augmentent en moyenne de 45 %. Ainsi, à propos d'un livre intitulé *Fierce People,* un journaliste du *Times* a écrit que l'auteur n'était pas très perspicace et qu'il faisait usage d'un changement de ton tellement brusque que c'en était incohérent. Pourtant les ventes de *Fierce People* ont plus que quadruplé après cette critique.

Une mauvaise critique peut faire augmenter les ventes d'un produit tout simplement parce qu'elle informe les gens de son existence ou qu'elle la leur rappelle. C'est ce qui explique pourquoi un vin rouge italien, à 60 $ la bouteille, a vu ses ventes augmenter de 5 % après qu'un important site Web sur l'œnologie eût qualifié son bouquet d'« odeur de vieilles chaussettes », et pourquoi on a vendu pour 50 millions de dollars de Shake Weight, un haltère dont les poids vibrent et dont la publicité a été amplement ridiculisée par les médias et les consommateurs. Bref, toute forme d'attention peut être utile pour un produit ou un concept si elle réussit à l'évoquer dans l'esprit des consommateurs.

UN KIT KAT ET UN CAFÉ OU COMMENT NOURRIR UN CONTEXTE

Voici un cas où un déclencheur a été exploité de façon très ingénieuse.

En 1986, aux États-Unis, Kit Kat produisit une publicité accompagnée d'un *jingle* très facile à retenir : « Give me a break, give me a break, break me off a piece of that Kit Kat bar ! »[*] En fait, selon certains chercheurs, cette mélodie est l'une des plus mémorables de tous les temps. Elle est encore plus persistante que *YMCA* (et vlan ! Village People)[69].

Mais en 2007, la marque avait perdu de son lustre. En une vingtaine d'années, elle s'était perdue parmi la panoplie de produits semblables chapeautés par Hershey (notamment, Reese, Hershey's Kisses, Almond Joy, Twizzlers et Jolly Ranchers). On n'avait pas réussi à répéter l'exploit de 1986 et les ventes déclinaient d'environ 5 % par année. Les gens aimaient toujours le Kit Kat, mais l'intérêt n'était pas au rendez-vous. Colleen Chorak fut alors mandatée pour remédier à la situation.

Colleen devait trouver un moyen de rappeler l'existence du produit aux consommateurs. Elle ne disposait que d'un modeste budget, car après avoir passé des années à tenter en vain de relancer la marque, la haute direction de la société ne voulait pas investir dans une publicité à la télé.

En faisant des recherches, Colleen découvrit que les gens s'offraient souvent un Kit Kat lorsqu'ils faisaient une pause et qu'ils étaient nombreux à l'accompagner d'une boisson chaude.

C'est à ce moment qu'elle eut son idée : Kit Kat et café.

---

[*] « Give me a break » peut être rendu en français par « Mon œil » ou « Allons donc ! » ou encore, littéralement, par « Accorde-moi une pause ». Quant au reste de la phrase, il signifie « Donne-moi un morceau de ce Kit Kat ». Le jeu de mots sur « break » ne peut guère se rendre en français.

En quelques mois, Colleen mit au point une campagne publicitaire où le Kit Kat, présenté comme la friandise idéale pour faire une pause, était constamment associé au café. Kit Kat et café. Café et Kit Kat. Les annonces mariaient les deux produits à répétition.

La campagne fut un succès.

Avant la fin de l'année, les ventes avaient augmenté de 8 %, et 12 mois plus tard, de 33 %. L'association Kit Kat et café avait remis le Kit Kat au goût du jour. Le total des ventes passa de 300 millions à 500 millions de dollars.

Un certain nombre de facteurs ont contribué au succès de la campagne. Premièrement, «Kit Kat et café» représente une jolie allitération. Deuxièmement, l'idée de faire une pause en prenant un Kit Kat et le concept de pause-café sont tout à fait cohérents. Mais selon moi, la présence d'un déclencheur a aussi joué un rôle très important.

Le café est un déclencheur particulièrement pertinent, car il est *omni-présent* dans l'environnement. Une quantité phénoménale de gens boivent du café au moins une fois par jour. En associant Kit Kat et café, Colleen a eu recours à un déclencheur qui a rappelé constamment la marque aux consommateurs.

La création d'un contexte

En biologie, l'habitat désigne l'environnement naturel où l'on retrouve tous les éléments nécessaires à la survie d'une espèce animale ou végétale donnée. L'habitat du canard est composé d'eau et de feuillage. La forêt est l'habitat du cerf. Chaque produit ou concept a également un habitat; il s'agit de l'ensemble des déclencheurs qui en rappellent l'existence[70].

Prenez le hot-dog. Les barbecues, l'été, les matchs de baseball et même les teckels sont autant de déclencheurs qui en composent l'habitat.

Prenez la cuisine éthiopienne. Les mets éthiopiens sont certainement délicieux, mais il existe très peu de déclencheurs qui incitent les gens à y penser. Leur habitat n'est pas aussi présent que celui du hot-dog.

La plupart des produits et des concepts possèdent un certain nombre de déclencheurs naturels. La planète Mars est un déclencheur naturel pour la barre Mars, car le fabricant de la barre de chocolat n'a pas eu à lever le petit doigt pour établir un lien entre les deux entités. Il en va de même pour la musique française et le vin français, et le dernier jour de la semaine de travail et la chanson *Friday* de Rebecca Black.

Mais il est également possible de créer de toutes pièces un habitat pour un produit ou un concept en établissant des liens plus ou moins arbitraires entre celui-ci et différents éléments de l'environnement. Kit Kat a été associé au café uniquement par la répétition de leur jumelage. Les plateaux servant à transporter des repas ont été associés à des messages incitant à manger plus de fruits et légumes également par la répétition de leur jumelage. Et ces nouveaux habitats ont favorisé l'adoption des comportements souhaités : acheter le Kit Kat ou améliorer ses habitudes alimentaires.

Récemment, nous avons mené une expérience avec BzzAgent et Boston Market, un restaurant connu pour sa cuisine maison simple (poulet rôti et pommes de terre en purée), qui était surtout fréquenté à l'heure du déjeuner[71]. Pour répondre au besoin de la direction de l'établissement qui voulait qu'on parle davantage de Boston Market, nous avons entrepris de développer l'habitat du restaurant.

Au cours d'une campagne publicitaire de six semaines, un groupe de consommateurs a été exposé à répétition à un message qui associait le restaurant et le dîner : « Vous vous demandez ce que vous mangerez pour dîner ? Pensez à Boston Market ! » Un autre groupe de consommateurs a, pour sa part, été exposé à un message plus général : « Vous cherchez un endroit où manger ? Pensez à Boston Market ! » Nous avons ensuite évalué à quelle fréquence chaque groupe avait parlé du restaurant.

Les résultats ont été spectaculaires. Comparativement au groupe exposé au message général, le groupe exposé au message qui avait enrichi l'habitat de Boston Market (en l'associant au dîner), le bouche à oreille a augmenté de 20 % et ce, parmi les gens qui n'avaient pas l'habitude de voir Boston Market comme un restaurant où l'on dîne. Le développe-ment de l'habitat a alimenté le buzz.

Un contexte inattendu

Même les messages des concurrents peuvent servir de déclencheurs.

Cette stratégie peut s'avérer particulièrement utile pour des organismes sans but lucratif qui n'ont pas les mêmes moyens que les sociétés aux-quelles ils doivent livrer bataille.

Ainsi, dans une célèbre campagne antitabac, un organisme de santé publique a parodié les légendaires publicités pour les cigarettes Marlboro. Une affiche publicitaire montre deux cowboys à cheval en train de discuter, avec en légende la déclaration suivante : « Bob, je souffre d'emphysème. » Dès lors, chaque fois qu'on voit une publicité pour les cigarettes Malboro, on ne peut s'empêcher de penser à la cam-pagne antitabac[72].

« Bob, je souffre d'emphysème »
Ministère de la santé de la Californie
Financé par le projet de taxe sur les produits du tabac

Cette stratégie a été baptisée par certains chercheurs « parasite poison », car elle injecte en catimini du « poison » (le message de l'organisme public, par exemple) dans le message de son rival et, ainsi, le transforme en déclencheur[73].

L'EFFICACITÉ DES DÉCLENCHEURS

Certains éléments de l'environnement, les stimuli, sont de meilleurs déclencheurs que d'autres.

Comme nous en avons discuté, l'une des principales composantes du déclencheur est sa présence dans l'environnement ou, plus exactement, sa *fréquence*. Le chocolat chaud aurait très bien pu être présenté comme le complément idéal du Kit Kat. Mais le café est un déclencheur plus efficace parce que les gens y pensent et le voient plus fréquemment. Ils en consomment toute l'année, tandis que le chocolat chaud est souvent réservé à l'hiver.

Dans les années 1970, Michelob lança une campagne axée sur un slogan qui associait la bière aux vacances («Holidays are made for Michelob»). Or, elle donna de bien meilleurs résultats quand Anheuser-Busch, la société propriétaire de cette marque, décida de l'associer à un stimulus beaucoup plus fréquent: le week-end («Weekends are made for Michelob»)[74].

Mais la fréquence n'est pas tout. Pour être efficace, le lien entre le déclencheur et le produit ou le concept doit aussi être *solide*. Or, plus le nombre d'associations pour un stimulus donné est élevé, plus ces associations seront faibles. L'analogie suivante est particulièrement éloquente à cet égard: si vous pratiquez un seul trou dans un gobelet de polystyrène rempli d'eau, celle-ci s'écoulera avec un débit beaucoup plus fort que si vous aviez pratiqué une série de trous[75].

La couleur rouge, par exemple, est associée à de nombreux produits et concepts: les roses, l'amour, le Coca-Cola et les voitures sport, pour ne nommer que ceux-là. En raison de son omniprésence, elle n'est donc pas un déclencheur particulièrement fort pour aucun de ces produits ou concepts. Demandez à différentes personnes de vous dire ce qui leur vient à l'esprit lorsque vous évoquez cette couleur, et vous comprendrez ce que je veux dire.

Maintenant, faites le même exercice avec le vin. Vous constaterez que les associations ne seront pas aussi nombreuses. Beaucoup de gens penseront au fromage. Bref, l'association entre un produit ou un concept et un stimulus qui est déjà relié à beaucoup d'autres produits ou concepts n'est pas aussi efficace qu'une association plus originale, voire inédite.

La *proximité* est une autre composante importante du déclencheur. C'est au moment où le comportement doit être adopté ou créé que le déclencheur doit intervenir. Voici un exemple de message d'intérêt public, qui, bien qu'ingénieux, s'est avéré inefficace à cet égard. Un bel homme musclé prend une douche. On entend, en musique de fond, une mélodie accrocheuse à propos d'un nouveau système de réglage de la température de l'eau. L'homme ferme le robinet et ouvre la porte de la douche. Une jolie femme lui tend une serviette éponge. Il sourit, elle sourit. Il s'apprête à sortir de la cabine.

Soudain, il glisse, tombe et se fend le crâne sur le carrelage. On le voit étendu, un dernier soubresaut agitant son bras, pendant qu'on entend en voix off: «Pour prévenir les chutes à la maison, parfois il suffit simplement d'un tapis antidérapant».

Waouh! Cette scène est à ce point mémorable que j'y pense chaque fois que je prends une douche dans une baignoire où, en passant, il n'y a pas de tapis antidérapant.

Voilà le hic. J'y pense quand je suis sous la douche, là où je ne peux pas me procurer un tapis antidérapant. On ne me transmet pas le message au moment où j'aurais la possibilité d'adopter le comportement souhaité. À moins de courir à mon ordi pour acheter un tapis en ligne aussitôt que je sors de la douche, je dois me souvenir du message quand je passe au magasin.

Voici un autre exemple de message d'intérêt public beaucoup plus réussi cette fois sur le plan de la proximité. Le service de santé publique (DOH) de la ville de New York a récemment lancé une campagne pour encourager les gens à réduire leur consommation de boissons gazeuses, car leur contenu en sucre contribue au gain de poids. Or, le DOH ne voulait pas que sensibiliser la population, il voulait changer les comportements notamment par le bouche à oreille.

Il a donc produit une vidéo assez audacieuse où l'on voit un jeune homme ouvrir une canette de boisson gazeuse apparemment normale. Mais ce qu'il verse dans un verre est une bouillie de graisse blanche. Il l'avale ensuite comme il le ferait avec une vraie boisson gazeuse.

La vidéo se termine sur l'image d'une grosse goutte de cette bouillie qui dégouline sur un plateau, tandis qu'un message apparaît au haut de l'écran: «Drinking one can of soda a day can make you 10 pounds fatter a year. So don't drink yourself fat*»[76].

Ce message d'intérêt public n'est pas plus ingénieux que le précédent, mais il exploite le déclencheur beaucoup plus efficacement. On ne pourra pas s'empêcher d'y penser lorsqu'on songera à boire une boisson gazeuse.

LES DIMENSIONS DU CONTEXTE

Les campagnes décrites ci-dessus rappellent l'importance du contexte, soit l'environnement des gens visés par les produits, les messages ou les concepts. En effet, les stimuli sont différents selon l'environnement. Ceux d'une région désertique comme l'Arizona ne seront pas les mêmes que ceux d'une région océanique comme la Floride. Par conséquent, les

---

* Traduction libre: Boire une canette de boisson gazeuse par jour peut vous faire prendre 10 livres en un an. Évitez de boire gras.

déclencheurs seront plus ou moins efficaces selon l'endroit où vivent les destinataires d'un message, produit, concept.

Ainsi, un sandwich à 100 $ ne passera inaperçu nulle part. Mais la fréquence à laquelle les gens seront amenés à y penser dépend certainement de l'endroit où ils se trouvent. Dans une ville comme Philadelphie où le cheesesteak est un classique, les déclencheurs seront beaucoup plus nombreux qu'à Chicago, par exemple.

L'environnement couvre des réalités non seulement géographiques, mais aussi temporelles. Dans une étude que nous avons menée à l'époque d'Halloween, nous avons découvert que les gens étaient beaucoup plus susceptibles de penser à des produits associés à la couleur orange (comme de l'orangeade ou le chocolat Reese dont l'emballage est orange) la veille de cette fête qu'une semaine plus tard[77]. Jusqu'à la veille d'Halloween, il y avait en effet beaucoup de stimuli orange dans l'environnement (citrouilles et décorations à dominante orange), lesquels ont disparu dès le lendemain pour laisser place à d'autres stimuli (qui ont notamment fait penser à Noël).

Donc, si vous voulez vous souvenir, par exemple, d'apporter vos sacs réutilisables lorsque vous faites vos courses, vous devez penser à un déclencheur qui vous le rappellera au bon moment. L'utilisation des sacs réutilisables est un peu comme la consommation des fruits et légumes. On sait qu'on doit le faire. On veut le faire. Mais quand vient le temps de le faire, on oublie.

C'est souvent une fois rendu à l'épicerie qu'on pense aux sacs réutilisables, qui dorment dans un placard, à la maison.

Ce n'est pas par hasard qu'on y pense à ce moment-là. L'épicerie est un solide déclencheur pour les sacs réutilisables. Mais comme c'était le cas du message sur les tapis antidérapants, cette pensée n'arrive pas au bon moment.

Qu'est-ce qu'un bon déclencheur dans ce cas ? N'importe quel objet qu'on apporte lorsqu'on fait les courses. La liste de courses, par exemple. Si on pense aux sacs réutilisables lorsqu'on prend sa liste de courses, on aura beaucoup de difficulté à les laisser à la maison.

POURQUOI ON PARLE DAVANTAGE
DES CHEERIOS QUE DE DISNEY WORLD

Les déclencheurs aident à comprendre pourquoi on parle davantage des céréales Cheerios que du parc thématique Disney World. Il est vrai que Disney World est intéressant et excitant. Pour utiliser les concepts présentés dans ce livre, disons qu'il procure beaucoup de capital social (chapitre précédent) et qu'il suscite beaucoup d'émotion (prochain chapitre). Mais les gens n'y pensent pas souvent, car ils n'y sont pas exposés si souvent. S'ils ont des enfants, ils y vont une fois par année, au plus. Et, une fois la fièvre du début passée, leur environnement contient peu de déclencheurs qui leur rappelleront cette expérience.

En revanche, des centaines de milliers de gens mangent des Cheerios chaque matin au petit déjeuner. Et ils sont encore plus nombreux à voir les boîtes de Cheerios dans les rayons du magasin d'alimentation chaque fois qu'ils font leurs courses. Grâce à tous ces déclencheurs, les Cheerios sont plus accessibles et ont plus de chance de faire parler d'eux.

Le nombre de mentions que reçoivent Cheerios et Disney sur Twitter confirme cette hypothèse. On parle davantage des Cheerios que de Disney World. Et si l'on examine les données de plus près, elles nous révèlent d'ailleurs un phénomène intéressant[78].

Nombre de mentions de Cheerios sur Twitter

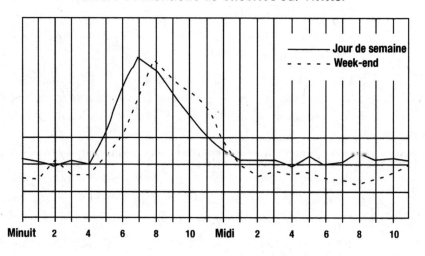

Minuit	2	4	6	8	10	Midi	2	4	6	8	10

Légende : —— Jour de semaine - - - - Week-end

On constate d'abord que la courbe des mentions des Cheerios atteint un pic chaque jour à la même période. On commence à en parler à 5 heures, on en parle de plus en plus jusqu'à 7 h 30 - 8 h, puis on en parle de moins en moins jusqu'à 11 h. Cette courbe quasi verticale correspond à la période où, traditionnellement, on prend le petit déjeuner. Et elle est légèrement décalée durant le week-end, quand les gens prennent leur petit déjeuner plus tard. Bref, les déclencheurs font parler.

L'essentiel

Les déclencheurs constituent le fondement du bouche à oreille et de la contagion sociale. Pour faire une analogie, pensez à un groupe rock. Le chanteur ou la chanteuse est l'élément central du groupe, celui qui permet d'accumuler du capital social. Le batteur ou le bassiste, pour sa part, correspond aux déclencheurs. C'est un rôle moins attrayant, mais très efficace. Les gens ne portent pas autant d'attention au batteur ou au bassiste, mais ces musiciens font un travail essentiel. Sans eux, il n'y a pas de chanson. Autrement dit, plus souvent on associe un produit ou un concept à un déclencheur, plus on y pensera, plus on en parlera et plus il se « vendra ».

Il faut donc absolument tenir compte du contexte d'un produit ou concept ou, si l'on veut, des déclencheurs existants. Ceux-ci ont grandement contribué au succès de la campagne *Wassup* de Budweiser ou de la chanson *Friday* de Rebecca Black. On a également intérêt à développer l'habitat du produit ou du concept, à créer de nouveaux liens avec des déclencheurs très présents. C'est ce qu'a fait Colleen Chorak avec le café pour le Kit Kat.

Les déclencheurs et les rappels incitent les gens à parler, à choisir et à consommer. Le capital social démarre le bouche à oreille, mais les déclencheurs le maintiennent. On parle de ce qu'on a en tête.

CHAPITRE 3

L'ÉMOTION

Denise Grady est journaliste scientifique au *New York Times* depuis 1998. Elle a le don de dénicher des sujets originaux qu'elle sait par ailleurs rendre accessibles au commun des mortels grâce à son style très vivant. Il n'est pas étonnant qu'elle ait remporté de nombreux prix.

Le 27 octobre 2008, Grady a publié un article qui a atteint un sommet de popularité. Quelques heures seulement après sa parution, des milliers de personnes l'avaient transmis par courriel à leurs amis, parents et collègues. Il était devenu viral.

Intitulé «Le mystère de la toux capté sur film», cet article traitait de l'utilisation de la théorie dynamique des gaz et des fluides dans la recherche médicale. Grady y décrivait notamment la technique de la strioscopie qui, «à partir d'une brillante source lumineuse, de lentilles positionnées très précisément, d'un miroir courbé, d'une lame de rasoir et d'autres outils, permet de déceler et de photographier les perturbations aérodynamiques[79]».

Un peu rébarbatif, non?

En fait, cet article ne contenait aucune des caractéristiques traditionnelles du contenu viral. Mais pour faire l'objet d'une telle propagation, il devait pourtant avoir quelque chose de spécial. Qu'est-ce que c'était?

Pour commencer à répondre à cette question, il faut d'abord évoquer le parcours professionnel de Denise Grady.

C'est à l'école secondaire que Grady s'intéressa à la science. Son professeur de chimie lui avait donné à lire un compte rendu de la célèbre et complexe expérience de Robert Millikan sur la mesure de la charge d'un électron. Pour parvenir à ses fins, le scientifique avait évalué la force du champ électrique qui était nécessaire pour maintenir en suspension de fines gouttelettes d'huile suspendues entre deux électrodes.

Grady dut lire et relire le compte rendu avant de saisir quoi que ce soit. Mais quand elle comprit, tout se passa comme si un éclair s'était fait dans son esprit. Le raisonnement sous-jacent à l'expérience était tellement brillant qu'il en était palpitant. Elle devint accro à la science.

Après ses études, Denise Grady travailla comme journaliste dans les magazines *Physics Today, Discover* et *Time,* avant de devenir responsable de la section santé pour le *New York Times.* Dans ses articles, elle vise toujours le même objectif: permettre aux gens d'éprouver au moins une partie de l'enthousiasme qu'elle a vécu il y a bien des années dans son cours de chimie. Elle cherche à leur donner une idée de la magie que crée une découverte scientifique.

Dans l'article d'octobre 2008, Grady décrit comment un professeur de génie a eu recours à la strioscopie pour capter un phénomène apparemment invisible: la toux. La technique servait depuis des années à l'étude des ondes de choc produites par les avions à grande vitesse. Mais le professeur l'avait utilisée pour analyser un tout autre objet: la propagation d'infections aérogènes comme la tuberculose, le SRAS et la grippe.

Il n'aurait pas été étonnant que cet article passe inaperçu au sein de la population en général. Nous l'avons d'ailleurs fait évaluer en fonction de sa valeur pratique et de son capital social, et il n'a pas obtenu une notre très élevée.

Était-ce alors la toux qui avait agi comme déclencheur pour susciter l'intérêt des lecteurs? Cela aurait pu être le cas, mais l'article était paru quatre mois avant le plus fort de la saison du rhume et de la grippe.

Bien que ravie, madame Grady elle-même ne savait pas vraiment pourquoi son article était devenu si populaire. Or, comme la plupart des
journalistes et même des blogueurs occasionnels, elle aimerait bien
comprendre pourquoi certains de ses textes deviennent viraux, tandis
que d'autres ne décollent pas.

Ce fameux article faisait partie d'un échantillon de milliers d'articles
parus dans le *New York Times* sur une période de quelques années que
mes collègues et moi avons étudiés pour mieux comprendre la popularité de certains d'entre eux. Et après plusieurs années d'analyse, j'ai le
plaisir de vous annoncer que nous avons quelques réponses.

Un indice nous est fourni par la photo accompagnant l'article du *New
York Times,* laquelle est tirée de l'article du *New England Journal of
Medicine* qui a inspiré Grady. C'est en effet cette image qui, malgré les
aspects assez techniques du texte d'origine (aérosols infectieux, cartes
de vecteurs de vitesse, etc.), a convaincu la journaliste qu'elle tenait un
bon sujet.

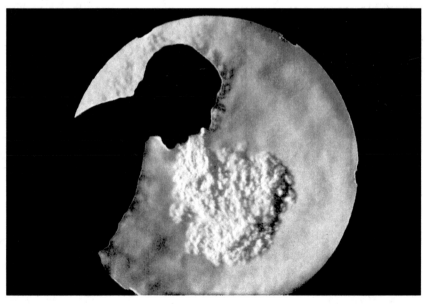

En réalité, c'est à cause de l'*émotion* dégagée par la photo que l'article
de Grady a déclenché le bouche à oreille. Lorsqu'on ressent quelque
chose, on en parle.

L'IMPORTANCE DES INFORMATIONS
LES PLUS POPULAIRES

L'être humain est un animal social. Comme nous l'avons mentionné dans le premier chapitre, les gens adorent échanger tant les opinions que les informations. D'ailleurs, notre propension à faire du commérage façonne nos relations avec notre entourage – pour le meilleur et pour le pire.

L'Internet est devenu l'outil idéal pour favoriser cette tendance. En effet, pour transmettre de l'information, que ce soit un commentaire dans un blogue, une vidéo ou l'adresse d'un site, il suffit de cliquer sur un bouton ou de copier un lien dans un courriel.

La plupart des sites Web des grandes institutions d'information ou des entreprises de divertissement vont même jusqu'à indiquer quelles informations sont les plus populaires parmi celles qu'ils publient. Ils affichent la liste des articles, des vidéos et des autres formes de contenu qui ont été consultés et échangés le plus souvent au cours de la journée, de la semaine ou du mois précédents.

Les gens s'en remettent souvent à ces listes pour prendre connaissance de l'actualité. Ils n'ont tout simplement pas le temps de passer en revue les centaines de millions de sites Web et de blogues, et les milliards de vidéos à la recherche du meilleur contenu. Ils se fient plutôt à ce que les autres ont consulté.

Résultat, les listes des articles les plus populaires peuvent carrément façonner le discours public. Supposons un article sur une réforme superficielle des règlements financiers et un autre sur une réforme en profondeur des règlements environnementaux. Pour une quelconque raison, le premier est plus consulté et il aboutit sur la liste des articles les plus populaires. Il suscitera de plus en plus d'intérêt, tandis que le second en suscitera de moins en moins. Qui plus est, à force de voir cet article, les gens en viendront à penser que la réforme des règlements financiers mérite plus d'attention que la réforme des règlements environnementaux.

Pourquoi donc certains articles, vidéos et autres formes de contenu sont-ils plus populaires que d'autres ?

Pour qu'un contenu devienne viral, il faut que beaucoup de gens se l'échangent durant un court laps de temps. Mais est-ce simplement une question de hasard ? Ou est-ce que ce phénomène s'explique par certains principes ?

UNE ANALYSE SYSTÉMATIQUE DES INFORMATIONS LES PLUS POPULAIRES

À l'Université Stanford, la vie d'un étudiant de deuxième ou troisième cycle est loin d'être palpitante. Mon bureau, si on pouvait désigner ainsi l'espace cloisonné sans fenêtre de 10 mètres carrés que j'occupais avec un autre étudiant, était situé au dernier étage d'un immeuble trapu des années 1960, dont le style architectural a souvent été qualifié de « brutaliste ». Derrière des murs de béton tellement épais qu'ils auraient probablement résisté à un tir de lance-grenades, nous étions une soixantaine à nous affairer.

Le seul bon côté de ce lieu était l'ascenseur. Comme nous étions censés travailler jour et nuit, on nous avait remis des cartes magnétiques pour utiliser un ascenseur spécial qui nous donnait accès en tout temps à nos espaces de travail et à la bibliothèque, même après la fermeture. Pas particulièrement sexy comme avantage, mais très pratique.

À l'époque, les systèmes de distribution de contenu en ligne étaient assez rudimentaires. C'est dans leur version imprimée que les journaux indiquaient quels articles étaient les plus populaires. Ainsi, le *Wall Street Journal* publiait quotidiennement une liste des cinq articles les plus consultés et des cinq articles qui avaient fait l'objet du plus grand nombre de courriels la veille. J'étais fasciné par ces listes. Pour moi, elles constituaient le matériau de base qui me permettrait de découvrir les critères de la popularité du contenu.

Tel un philatéliste, j'ai commencé à collectionner les listes des articles les plus populaires. Aux deux jours, armés de mes ciseaux, je prenais le fameux ascenseur pour me rendre à la bibliothèque. Je dénichais la pile des dernières éditions du *Wall Street Journal* et je découpais conscien-cieusement les listes des articles les plus populaires.

Au bout de quelques semaines, je me suis retrouvé avec une montagne de coupures de journaux. Après avoir saisi les titres des articles sur une feuille de calcul, j'ai entrepris de déceler des tendances. Mais le proces-sus m'a rendu perplexe. Je ne voyais pas du tout quels étaient les points communs entre « Une nouvelle forme de zone blanche : des conjoints trop fatigués pour parler », « Les robes de princesse de Disney sont pour les grandes filles », « Un économiste est-il qualifié pour résoudre l'énigme de l'autisme ? » et « Pourquoi les ornithologues emportent avec eux des iPods et des pointeurs au laser ».

Et au rythme où j'avançais, même la lecture des articles ne m'aidait pas vraiment. Il fallait que je m'y prenne autrement.

Ma collègue Katherine Milkman est venue à ma rescousse en me sug-gérant d'automatiser les choses, une méthode nettement plus efficace.

Avec l'aide d'un programmeur, nous avons créé un moteur d'indexa-tion Web. Tel un infatigable lecteur, ce programme scannait automati-quement la page d'accueil du site du *New York Times* toutes les 15 minutes en enregistrant tout ce qu'il voyait : le titre de chaque ar-ticle, l'auteur, la section où il était affiché (sur l'écran principal ou au bout d'une série de liens), la page et la section où il figurait dans l'édi-tion papier (affaires, santé, etc.).

Six mois plus tard, nous nous sommes retrouvés avec un vaste ensemble de données correspondant aux quelque 7 000 articles publiés par le *New York Times* depuis le début de notre collecte. Ils portaient sur une variété de sujets, depuis les sports jusqu'à la santé, en passant par la technologie. De plus, nous savions quels avaient été les articles les plus populaires au cours de cette période.

Nous disposions là de données qui nous permettraient de déterminer les critères des informations que les lecteurs du *New York Times*, indé-pendamment de leur âge, de leur niveau de vie et d'autres données démographiques, échangeaient avec leur entourage.

Nous pouvions commencer notre analyse.

Pour commencer, nous avons défini le sujet général de chaque article : santé, sports, éducation, politique, etc. Ce classement nous a permis de constater que les articles sur l'éducation et la santé étaient plus populaires que les articles sur les sports et la politique.

Fort bien, mais nous étions plus intéressés à comprendre ce qui pousse les gens à transmettre un article à leur entourage qu'à en décrire le contenu. Nous cherchions plutôt à déterminer pourquoi, par exemple, les articles sur les sports étaient moins viraux que les articles sur les restaurants. La seule analyse du contenu ne nous aurait pas permis de faire des prédictions sur la popularité des sujets d'articles[80].

Nous avons donc avancé comme hypothèse que l'intérêt et l'utilité d'un article pouvaient contribuer à sa popularité. Comme nous en avons discuté dans le premier chapitre, les gens parlent de sujets intéressants notamment pour faire bonne impression auprès de leurs pairs. De même, comme nous en discuterons dans le chapitre suivant, ils aiment transmettre de l'information utile pour aider les autres et, encore une fois, pour faire bonne impression.

Pour tester cette hypothèse, nous avons eu recours aux services d'une petite armée d'assistants de recherche, en les chargeant d'évaluer les articles du *New York Times* en fonction de leur utilité et de leur intérêt. Par exemple, un article sur l'utilisation par Google de ses propres données de recherche pour montrer la propagation de la grippe obtenait une note assez élevée sur l'échelle de l'intérêt, tandis qu'un article sur la nouvelle distribution d'une pièce jouée sur Broadway obtenait une note relativement faible. Un article sur les moyens de contrôler son dossier de solvabilité obtenait une note élevée sur l'échelle de l'utilité, tandis que la notice nécrologique d'une obscure chanteuse d'opéra obtenait une note plutôt faible. Grâce à un programme d'analyse statistique, nous avons pu mesurer le niveau d'intérêt et d'utilité des articles les plus populaires.

Comme nous nous y attendions, l'intérêt et l'utilité favorisent la popularité. Les articles les plus intéressants avaient 25 % plus de chances de faire partie de la liste des articles les plus populaires, tandis que les articles les plus utiles avaient 30 % plus de chances d'en faire partie[81].

Ces résultats confirmaient donc que les articles sur la santé et l'éducation, qui donnent des conseils pour vivre plus heureux, plus instruits et plus longtemps, et qui sont souvent fort utiles, sont propagés de lecteur en lecteur.

Mais il restait les articles scientifiques, aussi visibles que le nez au milieu de la figure. Bien qu'ils n'aient pas été notés favorablement sur les échelles de l'intérêt et de l'utilité, ils figuraient dans les listes des articles les plus populaires plus souvent que les articles sur la politique, la mode ou les affaires. Pourquoi ?

Nous avons fini par découvrir que les articles scientifiques sont particulièrement appréciés parce qu'ils décrivent des innovations et des découvertes qui suscitent une émotion particulière chez les lecteurs : l'émerveillement.

LE POUVOIR DE L'ÉMERVEILLEMENT

Imaginez que vous vous tenez au bord du Grand Canyon. Des faucons survolent la profonde gorge de couleur ocre qui s'étend à perte de vue. Ce paysage lunaire, dépourvu de toute végétation, est tellement grandiose que vous en avez le vertige. Vous êtes stupéfait, ému, pénétré de nobles sentiments. En un mot, vous êtes émerveillé.

Selon les psychologues Dacher Keltner et Jonathan Haidt, une personne est émerveillée lorsqu'elle est sous l'effet d'un savoir, d'une beauté ou d'une force grandiose et sublime[82]. Combinant admiration et inspiration, l'émerveillement est ce que l'on éprouve lorsqu'on vit quelque chose de plus grand que soi, une expérience qui permet de sortir de son propre cadre de références et qui favorise l'auto-transcendance. Ce sentiment peut être déclenché autant par des œuvres d'art que la foi religieuse, des paysages d'une beauté à couper le souffle et de grands exploits.

L'émerveillement est une émotion complexe qui implique souvent la surprise ou le mystère. Comme Albert Einstein lui-même l'a observé : « La plus belle émotion que nous puissions éprouver est provoquée par le mystère. C'est le pouvoir de tout art et de toute science véritables.

Celui qui est étranger à ce sentiment, celui qui ne peut plus s'arrêter pour s'émerveiller n'est pas mieux que mort.[83] »

Plus que toute autre émotion, l'émerveillement décrit ce que de nombreux lecteurs ont ressenti en prenant connaissance des articles scientifiques du *New York Times*. Ainsi, la photo accompagnant l'article « Le mystère de la toux capté sur film » de Denise Grady était frappante. Elle était à la fois magnifique et efficace dans son évocation de l'idée voulant que quelque chose d'aussi banal que la toux puisse produire une telle image et dévoiler des secrets permettant de guérir une maladie ancestrale.

Nous avons donc décidé de vérifier si l'émerveillement ressenti par les lecteurs contribuait à la popularité des articles. Nos assistants de recherche se sont attelés à nouveau à la tâche, mais cette fois en évaluant les articles sur l'échelle de l'émerveillement. Un article sur un nouveau traitement contre le sida ou sur un joueur de hockey qui participait aux matchs malgré le fait qu'il fût atteint d'un cancer du cerveau suscitait beaucoup d'émerveillement, ce qui n'était pas le cas d'articles sur les soldes de fin d'année. Encore une fois, nous avons utilisé le programme d'analyse statistique pour mesurer l'importance de l'émerveillement dans les articles les plus populaires.

Notre intuition était bonne.

Les articles suscitant l'émerveillement avaient 30 % plus de chance de faire partie des listes d'articles les plus populaires[84]. Nous pouvions désormais expliquer par le facteur « émerveillement » pourquoi des articles considérés comme peu intéressants et peu utiles – ce qui était le cas de l'article de Grady ou d'un article traitant du deuil des gorilles – faisaient partie des listes des articles les plus populaires.

De la surprise à l'émerveillement

Les ricanements commencèrent dès que la femme s'avança sur la scène. Assez corpulente, elle avait plutôt l'allure d'une serveuse de restaurant routier que d'une chanteuse. Premièrement, elle était trop âgée pour participer à *Britain's Got Talent*. À 47 ans, elle faisait plus que le double de l'âge des autres concurrents.

Deuxièmement, elle portait une robe qui avait l'air coupée dans de vieilles draperies. Elle avait désespérément besoin d'un spécialiste en *relooking*. Surtout comparée aux autres concurrents sexys ou branchés qui étaient tous bien sapés.

Troisièmement, elle était nerveuse. Elle s'empêtra dans ses mots lorsque les juges commencèrent à lui poser des questions. L'incrédulité se lut sur leurs visages lorsqu'elle leur dit que son rêve était de devenir une chanteuse professionnelle. Dans l'auditoire, les gens riaient, levaient les yeux au ciel. Même les juges avaient peine à se retenir. Il était clair qu'ils voulaient qu'elle se dépêche de chanter pour qu'on en finisse le plus rapidement possible avec elle. Car tout portait à croire que sa performance serait pitoyable.

Puis, elle entonna « I Dreamed a Dream » de la comédie musicale *Les Misérables,* et le temps s'arrêta.

C'était à couper le souffle.

L'exquise voix de Susan Boyle était tellement belle et puissante qu'elle donnait la chair de poule. Les juges étaient émerveillés, les spectateurs hurlaient, certains avaient les larmes aux yeux, et tout ce beau monde l'applaudit à tout rompre.

La première apparition de Susan Boyle à l'émission *Britain's Got Talent* a fait l'objet d'une des vidéos les plus virales de toute l'histoire. En neuf petites journées, elle fut consultée 100 millions de fois[85].

Il est effectivement difficile de regarder cette vidéo sans être émerveillé. Cette performance est émouvante et inspirante. Et cette émotion est ce qui a provoqué la propagation.

LE POUVOIR DE L'ÉMOTION EN GÉNÉRAL

Forts de nos premières découvertes sur les articles du *New York Times,* nous avons continué d'explorer. Notamment, nous nous sommes demandé si d'autres émotions pouvaient, autant que l'émerveillement, inciter les gens à échanger.

Nous avions des raisons de le croire. Souvent, le simple fait de parler d'une expérience affective l'améliore. Si vous annoncez à vos amis que vous avez obtenu une promotion, vous aurez plus tendance à célébrer que si vous gardez cette nouvelle pour vous. Et si vous avez été congédié, parler vous aidera à passer votre colère.

Partager des émotions crée des liens. Supposons que je regarde une prestation qui m'émerveille, comme celle de Susan Boyle. Si j'envoie le lien de la vidéo à un ami et qu'il la regarde, il y a fort à parier qu'il sera émerveillé lui aussi. Le fait que nous soyons dans le même état d'esprit contribuera à consolider notre relation, car il mettra en évidence nos ressemblances et nous rappellera tout ce que nous avons en commun[86]. Le partage d'émotions entretient et renforce les relations, et contribue donc à la cohésion sociale. Et ce, que nous soyons ou non au même endroit.

Mais ces bienfaits ne sont pas causés que par l'émerveillement. Si vous envoyez à un collègue une plaisanterie qui vous fait rire aux larmes tous les deux ou un article qui vous rend furieux tous les deux, votre relation s'en trouvera consolidée. Vous confirmerez le fait que vous avez des choses en commun.

Est-ce à dire que *tout* type de contenu affectif encourage les échanges ?

Pour répondre à cette question, nous avons exploré une autre émotion : la tristesse. Encore une fois, nos assistants de recherche ont évalué les articles du *New York Times*, mais sur l'échelle de la tristesse. Un article sur le deuil provoqué par le décès d'une grand-mère obtenait une note élevée, contrairement à un article sur la victoire d'un golfeur lors d'un tournoi. Si n'importe quelle émotion encourage les échanges, la tristesse – au même titre que l'émerveillement – devrait être aussi efficace à cet égard.

Mais cela n'a pas été le cas. En réalité, la tristesse a eu tout juste l'effet contraire. Les articles suscitant la tristesse avaient 16 % *moins* de chance de faire partie des listes d'articles les plus populaires. Quelque chose dans la tristesse empêche les gens d'échanger. Quoi donc ?

Vers une nouvelle typologie des émotions

En général, on classe les émotions en émotions agréables et émotions désagréables ; c'est ce qui les distingue de la façon la plus évidente. Ainsi, l'émerveillement est plutôt agréable, tandis que la tristesse est plutôt désagréable. Nous nous sommes demandé si les messages contenant des émotions agréables ou, si l'on veut, positives étaient plus susceptibles d'être propagés que les messages contenant des émotions désagréables ou négatives.

Cette question a été souvent débattue. Le bon sens veut que les émotions négatives soient plus virales[87]. Si ça saigne, on en parlera. De fait, les actualités et les journaux traitent davantage de tragédies que de quoi que ce soit d'autre. Les producteurs et les journalistes croient en effet que les nouvelles négatives attirent plus l'attention des lecteurs et des spectateurs.

Cela étant dit, on pourrait tout aussi bien affirmer le contraire, à savoir que les gens préfèrent transmettre de bonnes nouvelles. Après tout, on préfère rendre les autres heureux plutôt que tristes et anxieux. De plus, comme nous en avons discuté dans le premier chapitre, on cherche à faire bonne impression lorsqu'on échange avec autrui. Dans cette perspective, il vaut mieux faire rire et être intéressant avec de bonnes nouvelles qu'être un rabat-joie qui parle toujours de choses tristes et sinistres.

Pour faire la part des choses, nous avons décidé de mesurer la positivité et la négativité de chaque article de notre base de données. Pour cela, nous avons eu recours à un programme d'analyse textuelle développé par le psychologue Jamie Pennebaker qui quantifie la positivité et la négativité d'un texte en calculant l'occurrence des centaines de mots qui décrivent des émotions[88]. Par exemple, la phrase « J'ai aimé sa carte ; c'était gentil de sa part » est relativement positive, car elle contient des mots jugés positifs comme « aimer » et « gentil ». En revanche, la phrase « Ses propos étaient méchants et ils m'ont blessé » est relativement négative en raison des mots « méchant » et « blesser ». Après avoir déterminé quels articles étaient positifs et quels articles étaient négatifs, nous avons établi une corrélation avec leur présence et leur absence dans les listes des articles les plus populaires.

Les articles positifs se sont avérés nettement plus populaires. Des articles tel celui racontant l'histoire de nouveaux venus à New York qui tombent amoureux de la ville avaient en moyenne 13 % plus de chance de faire partie des listes d'articles les plus populaires que ceux qui racontaient des histoires telle la mort d'un gardien de zoo.

Nous pensions avoir compris comment les émotions façonnent la transmission du contenu[89]. Il nous apparaissait plausible que les gens échangent les bonnes nouvelles et ont tendance à garder les mauvaises pour eux.

Mais pour nous assurer que nous étions dans le vrai, nous avons donné à nos assistants de recherche un dernier mandat : noter chaque article en fonction de deux autres importantes émotions négatives : la colère et l'angoisse.

Les articles sur les gros riches de Wall Street qui avaient touché de jolies primes pendant la crise économique avaient suscité beaucoup de colère (comparativement, par exemple, à des articles sur les tendances estivales en matière de t-shirts). Quant aux articles sur l'écroulement de la bourse, ils avaient créé beaucoup d'angoisse (comparativement, par exemple, à des articles sur les nominations aux prix Emmy). Si nous avions raison, ce genre de nouvelles devaient être moins populaires.

Mais ça n'a pas du tout été le cas. En réalité, les articles qui étaient source d'angoisse et de colère étaient *plus* susceptibles de se retrouver sur les listes des articles les plus populaires[90].

Nous ne savions plus quoi penser. Manifestement, il ne suffisait pas de dire qu'un article était positif ou négatif pour prévoir sa popularité. Il nous fallait déterminer d'autres critères. Il s'agissait de découvrir lesquels.

LA SCIENCE DE LA STIMULATION PHYSIOLOGIQUE[91] OU COMMENT ATTISER LE FEU

L'idée voulant que les émotions soient positives ou négatives est très répandue. Même un enfant peut faire cette distinction.

Mais depuis un certain temps, les psychologues soutiennent que les émotions peuvent aussi être classées selon une deuxième dimension : leur degré d'activation ou de stimulation physiologique.

De quoi s'agit-il ? Pensez à la dernière fois où vous vous êtes adressé à un vaste auditoire ou que votre équipe était sur le point de remporter un match important. Votre pouls s'est accéléré et votre cœur battait la chamade. Vous avez peut-être ressenti la même chose la dernière fois que vous avez vu un film d'horreur ou que vous étiez sous la tente en pleine forêt et que vous avez entendu un bruit suspect à l'extérieur. Vous aviez beau vous dire qu'il n'y avait aucun danger, votre corps était convaincu du contraire. Tous vos sens étaient en alerte et vos muscles étaient tendus. C'est ce qu'on appelle la stimulation physiologique[92].

Comme elle pousse à l'action et la prépare, la stimulation physiologique fait augmenter le rythme cardiaque et la tension artérielle. Elle est liée au cerveau reptilien, que nous tenons de nos ancêtres, et elle provoque une réaction de lutte ou de fuite, qui jadis servait à l'être humain lorsqu'il devait se nourrir et échapper à ses prédateurs.

Même s'il n'est plus nécessaire de se battre pour manger et qu'on ne craint plus d'être avalé tout rond, la stimulation physiologique reste utile. Elle facilite toute une gamme d'activités quotidiennes. C'est elle qui fait qu'on se tord les mains en faisant les cent pas lorsqu'on est angoissé, ou qu'on bat l'air des poings en tournant en rond lorsqu'on est en colère. La stimulation attise le feu.

Certaines émotions, négatives comme la colère et l'angoisse, ou positives comme l'enthousiasme et l'émerveillement, sont très stimulantes. Lorsqu'on est en colère, on crie après les représentants du service à la clientèle. Lorsqu'on est angoissé, on passe son temps à vérifier et à contre-vérifier les choses. Lorsqu'on est enthousiaste, on a peine à rester en place. Lorsqu'on est émerveillé, on a envie d'en parler aux autres.

Au contraire, d'autres émotions entravent l'action.

C'est le cas de la tristesse, par exemple. Une personne qui vient de perdre un être cher ou qui est sous le coup d'une douloureuse rupture a tendance à devenir apathique. Elle enfile des vêtements amples, se couche en chien de fusil sur le canapé et mange de la crème glacée. La satisfaction, qui est pourtant une émotion positive, a un effet pareillement neutralisant. Une personne satisfaite est détendue. Son rythme cardiaque est lent et sa tension artérielle est faible. Bien qu'heureuse, elle n'a pas particulièrement envie de *faire* quoi que ce soit. C'est probablement ce que vous ressentez après une bonne douche bien chaude ou un massage relaxant. Il y a peu de chance que vous ayez envie de vous activer.

	FORTE STIMULATION	FAIBLE STIMULATION
ÉMOTION POSITIVE	Émerveillement Enthousiasme Joie (par l'humour)	Satisfaction
ÉMOTION NÉGATIVE	Colère Angoisse	Tristesse

Récapitulons. Mes collègues et moi avions découvert que l'émerveillement incitait les gens à parler et que la tristesse avait l'effet contraire. Parallèlement, nous avions observé que certaines émotions négatives, comme la colère ou l'angoisse, donnaient aussi envie de parler. La stimulation physiologique était-elle la clé de voûte?

Lorsque nous avons à nouveau exploré nos données, nous avons constaté que c'était le cas.

Dès lors, nous avons pu intégrer les différents résultats auxquels nous étions arrivés jusque-là. La colère et l'angoisse incitent les gens à échanger parce que, au même titre que l'émerveillement, ce sont des émotions très stimulantes. Elles attisent le feu, elles encouragent à passer à l'action.

Il en va de même de la joie provoquée par diverses formes de contenu humoristique : elle incite à échanger. C'est d'ailleurs pourquoi certaines vidéos affichées sur YouTube sont devenues virales. C'est le cas de *David After Dentist* (sur les conséquences de l'anesthésie chez un enfant), de *Charlie Bit My Finger –Again!* (sur un bébé qui mord le doigt de son frère) ou de *Charlie the Unicorn* (sur une licorne qui se fait voler son rein à Candy Mountain). À elles trois, ces vidéos ont fait l'objet de plus de 600 millions de visionnements.

Certes, il est tentant de prétendre que ces vidéos sont devenues virales parce qu'elles sont carrément hilarantes. Mais il faut admettre qu'un processus plus fondamental est à l'œuvre ici. Pensez à la dernière fois où l'on vous a envoyé une vidéo humoristique ; la transférer est probablement la première chose que vous avez faite. À l'instar de l'émerveillement et de la colère, et contrairement à la tristesse et à la satisfaction, la joie incite à échanger avec les autres parce qu'elle est une émotion très stimulante[93].

De la stimulation à la contagion

United Airlines a appris à ses dépens que les émotions stimulantes peuvent déclencher le bouche à oreille.

Musicien de métier, Dave Carroll est à la tête des Sons of Maxwell. Si cette formation n'est pas très connue, elle vend suffisamment de CD et donne assez de concerts pour permettre à ses membres de vivre décemment.

En 2009, les Sons of Maxwell montèrent à bord d'un appareil d'United Airlines afin de se rendre au Nebraska, où ils devaient donner un spectacle. Comme il n'y avait évidemment pas assez d'espace dans les compartiments pour bagages à main, ils durent enregistrer leurs instruments avec le reste de leurs bagages.

L'avion faisait escale à Chicago. Au moment de débarquer à l'aéroport O'Hare, Dave entendit une femme crier : « Oh ! Mon Dieu ! Ils balancent des guitares là-bas ! » Avec appréhension, il jeta un coup d'œil par le hublot, juste à temps pour voir les bagagistes lancer sans ménagement ses précieux instruments vers les voiturettes.

Dave se leva immédiatement de son siège pour demander de l'aide à un agent de bord, qui le renvoya à l'agent principal, qui à son tour lui dit que cela ne relevait pas de ses fonctions. Il courut après un autre employé qui lui dit de soumettre le problème à l'agent d'embarquement lorsqu'il arriverait à Omaha, sa destination finale.

Mais lorsque Dave débarqua à Omaha à minuit trente, il n'y avait personne en vue. L'aéroport était désert.

Il récupéra ses bagages et ouvrit précautionneusement son étui de guitare. Ce qu'il vit confirma ses pires craintes : sa guitare de 3 500 $ avait été fracassée.

Dave passa les neuf mois suivants à parlementer avec United Airlines afin d'obtenir une forme de compensation. La compagnie aérienne refusa de réparer sa guitare notamment sous prétexte qu'il n'avait pas déposé sa demande à temps, soit dans les 24 heures suivant le dommage, un règlement qui figurait en très petits caractères sur le billet d'avion.

Furieux, Dave canalisa sa colère comme tout bon musicien l'aurait fait à sa place : en écrivant une chanson. Une fois son histoire mise en musique, il afficha un vidéoclip sur YouTube intitulé « United Breaks Guitars » (United brise les guitares)[94].

En moins de 24 heures, il reçut près de 500 commentaires, la plupart provenant de clients enragés qui avaient subi pareils traitements de la part de United. En dix jours, la vidéo fut visionnée 3 millions de fois (dont 1,3 million de fois les quatre premiers jours) et suscita 14 000 commentaires. Selon le magazine *Time,* elle fait partie des dix vidéos les plus virales de 2009.

Apparemment, United ne tarda pas à faire les frais de sa propre bévue. Quatre jours après l'affichage de la vidéo, l'action de la compagnie aérienne perdit 10 % de sa valeur, soit l'équivalent de 180 millions de dollars. Après quelque temps, comme « preuve de bonne foi », elle fit un don de 3 000 $ au Thelonious Monk Institute of Jazz, mais selon de nombreux spécialistes, elle avait subi un dommage permanent.

L'IMPORTANCE DES SENTIMENTS

Les spécialistes du marketing ont tendance à produire des messages essentiellement informatifs. Ils croient qu'il suffit de présenter les faits de façon claire et nette pour attirer l'attention des destinataires, et les convaincre d'agir, d'acheter, etc. Dans cette perspective, on n'aurait qu'à dire aux ados dire à quel point ils amélioreront leur santé s'ils cessent de fumer et mangent plus de légumes, et ils adopteraient aussitôt de saines habitudes de vie.

Mais souvent, l'information ne suffit pas. Ce n'est pas parce qu'ils croient que le tabac est bon pour la santé que la plupart des ados fument. Et la plupart des amateurs de trios Big Mac-frites-boisson-gazeuse sont bel et bien conscients des risques que ce genre d'alimentation représente pour eux. Ce n'est pas d'information supplémentaire dont ils ont besoin pour changer de comportement.

C'est là que l'émotion entre en scène. Plutôt que de rebattre les oreilles du public avec des données et des faits, il vaut mieux jouer sur les émotions et les sentiments sous-jacents qui poussent à agir.

Certains produits ou concepts semblent plus aptes que d'autres à communiquer des émotions. Ainsi, les gens auront plus envie d'aller dans un nouveau bar branché que de s'initier à la gestion des services logistiques. Les petits animaux et les bébés ont une charge affective plus forte que les services bancaires ou les stratégies financières des organismes sans but lucratif.

Mais n'importe quel produit ou service peut susciter sentiments et émotions, même ceux qui semblent incapables de le faire d'emblée.

Ainsi, croiriez-vous qu'un moteur de recherche puisse émouvoir qui que ce soit? C'est essentiellement un programme développé à partir d'un enchevêtrement de techniques complexes – indexation, hyperliens, algorithmes – dont on attend qu'il produise les résultats de recherche les plus précis possible et ce, le plus rapidement possible. Pas de quoi enflammer les cœurs.

C'est pourtant ce qu'a réussi à faire Google grâce à sa campagne «Parisian Love».

Des sentiments inattendus

Après avoir obtenu son diplôme de la New York's School of Visual Arts, en 2009, Anthony Cafaro ne s'attendait pas à être embauché par Google. Personne de son école n'y travaillait, et l'entreprise était réputée comme un employeur de technologues et non de graphistes. Néanmoins, lorsqu'il apprit que Google faisait passer des entretiens d'embauche à des diplômés en graphisme, il tenta sa chance.

Il fit sensation. À la fin de l'entretien, ses interviewers le traitaient davantage comme un des leurs que comme un candidat à un poste. Cafaro déclina plusieurs offres d'agences de publicité traditionnelles pour se joindre à l'équipe de designers nouvellement formée par Google : le Creative Lab.

Après quelques mois, Anthony comprit que la mentalité du Creative Lab n'était pas alignée sur la culture générale de l'entreprise. Le graphisme est une forme d'art, capable d'émouvoir, tandis que Google se situait plutôt du côté de l'analyse.

Un jour, un directeur de produit opposa son refus à un graphiste qui avait proposé un certain ton de bleu plus attrayant pour une barre d'outils du moteur de recherche sous prétexte qu'il était incapable de justifier quantitativement son choix. Chez Google, les couleurs ne sont pas que des couleurs, ce sont des décisions mathématiques.

Quand on demanda au Creative Lab de créer du contenu pour promouvoir les fonctions de la nouvelle interface de recherche de Google (repérage des vols, correction orthographique automatique et traduction), Cafaro se heurta à des difficultés semblables. Un concepteur suggéra de développer un petit tutoriel, tandis qu'un autre proposa un quiz qui permettrait d'utiliser les fonctions de recherche. Carafo trouvait ces idées intéressantes, mais il sentait qu'il manquait quelque chose.

En réalité, l'interface avait beau être tout aussi géniale qu'utile, Carafo visait à l'humaniser. Bien entendu, il souhaitait en présenter les fonctions, mais il voulait aussi émouvoir les gens, établir un lien affectif avec eux.

De concert avec ses collègues, il produisit alors une vidéo intitulée « Parisian Love » (L'amour à Paris), qui raconte ni plus ni moins qu'une histoire d'amour[95]. Pourtant, personne n'y apparaît. Tout ce qu'on voit ce sont des mots saisis dans la zone de recherche de Google et les résultats de la recherche.

Le tout commence par une recherche sur les études à l'étranger, à Paris plus précisément (mots saisis : « study abroad Paris France »). S'ensuivent alors une série de recherches sur les cafés situés près du Louvre (qui permet de démontrer la fonction de correction orthographique automatique), la signification de « tu es très mignon » (fonction de traduction), les façons d'impressionner les Françaises, les chocolateries dans Paris, les truffes, Truffaut, la façon de gérer une relation à distance (recherche remplacée aussitôt par une autre sur les emplois à Paris), les églises parisiennes et enfin sur la façon d'assembler un lit pour bébé. Le tout, accompagné d'une musique et de bruits de fond qui contribuent à la montée dramatique, se termine sur les mots « Search on » (Poursuivez votre recherche).

On ne peut pas regarder cette vidéo sans que ça touche une corde sensible au plus profond de soi. C'est à la fois romantique, joyeux et inspirant. J'ai encore des frissons quand je la regarde, et je l'ai visionnée des tas de fois.

Ce clip fit l'unanimité au sein de l'équipe de recherche marketing de Google. Tous en raffolèrent, y compris l'épouse du chef de la direction de l'entreprise. Et ils se précipitèrent pour l'envoyer à leur entourage. En fait, « Parisian Love » eut tellement de succès en interne que Google décida de le lancer dans le grand public. En mettant l'accent sur l'émotion, Google avait produit une vidéo virale plutôt qu'une publicité ordinaire.

Il n'est pas nécessaire d'investir des millions de dollars en publicité et recherche marketing pour susciter l'émotion. Cafaro a créé son clip avec quatre autres diplômés de différents programmes de graphisme aux États-Unis. Plutôt que de se contenter de décrire les étonnantes fonctions de recherche du moteur, ils ont rappelé aux gens ce qu'ils aiment de Google Search. Comme l'un des membres de Creative Lab l'a fait remarquer : « Ce n'est pas dans le moteur qu'on trouve les meilleurs résultats de recherche, mais bien dans la vie des gens[96] ».

Dans leur merveilleux ouvrage *Made to Stick,* Chip et Dan Heath expliquent la technique des « trois pourquoi ». Celle-ci permet de dévoiler le noyau affectif d'une idée. Il s'agit simplement de se demander pourquoi les gens adoptent tel comportement à trois reprises. Chaque réponse permet d'approfondir la question et, finalement, de découvrir non seulement l'essence de l'idée, mais l'émotion sous-jacente.

Voyons ce que ça donne si on applique cette technique à la recherche en ligne. Pourquoi est-elle importante ? Parce que les gens veulent trouver de l'information rapidement.

Pourquoi ? Pour trouver des réponses à ce qui les préoccupe.

Pourquoi ? Pour atteindre leurs objectifs, réaliser leurs rêves, établir des liens avec leurs semblables. C'est à ce niveau que ça commence à être intéressant.

Vous voulez que les gens rallient une cause afin de changer le cours des choses. Ne vous contentez pas de pointer le problème du doigt ou d'énumérer des statistiques. Trouvez un moyen de les toucher.

ATTISER LE FEU AU MOYEN D'ÉMOTIONS STIMULANTES

Si vous songez à utiliser des émotions pour provoquer le bouche à oreille, souvenez-vous d'en choisir qui attiseront le feu : des émotions fortement stimulantes qui inciteront les gens à passer à l'action.

Si vous optez pour le positif, inspirez vos destinataires ou enflammez-les en leur montrant comment leurs actions comptent. Si vous optez pour le négatif, tâchez de les mettre en colère et non de les attrister.

Le simple fait d'ajouter des éléments stimulants à une histoire ou à une publicité peut donner aux gens l'envie d'en parler[97]. Dans le cadre d'une expérience que ma collègue et moi avons menée, nous avons modifié les détails d'une histoire pour qu'elle suscite plus de colère et nous avons rendu une publicité plus humoristique. En ajoutant ainsi de la colère et de la joie, nous avons respectivement augmenté le niveau de stimulation de l'histoire et de la pub. Dans les deux cas, les résultats ont été les mêmes : les gens ont eu plus envie d'en parler à leur entourage.

En général, on utilise la publicité pour dépeindre les produits et les concepts sous leur meilleur jour possible. Elle présente des gens souriants qui sont intarissables sur les avantages du produit, qu'il s'agisse d'un frigo ou d'un rasoir. Les spécialistes du marketing ont en effet tendance à éviter les émotions négatives par crainte de contaminer la marque.

Mais, au contraire, utilisées correctement, les émotions négatives peuvent inciter les gens à parler et à échanger, bref elles peuvent déclencher le bouche à oreille.

C'est d'ailleurs ce qu'a fait BMW dans une campagne lancée en 2001. La société allemande a créé une série de courtes vidéos diffusées sur Internet, intitulée *The Hire* (Le contrat). Ces films n'avaient rien à voir avec les publicités où l'on voit des voitures filer sur des routes de campagne idylliques. Il était plutôt question de kidnappings, de raids policiers et de vie après la mort. La crainte et l'angoisse que ces pubs évoquaient étaient à l'opposé de la tranquillité et du réconfort, mais elles ont tellement stimulé les spectateurs qu'elles ont été visionnées 11 millions de fois en quatre mois. Et pendant ce temps, les ventes de BMW ont augmenté de 12 %.

Il est souvent difficile de concevoir des messages positifs lorsqu'il est question de santé publique. En effet, il n'y a rien d'agréable à constater que le tabagisme cause le cancer ou que l'obésité réduit l'espérance de vie de plus de trois ans[98]. Dans ce cas, il faut bien choisir le type d'émotions négatives qu'on veut véhiculer, car certaines sont plus efficaces que d'autres pour déclencher le bouche à oreille.

Retournez voir la publicité conçue par le service de santé publique de New York dans le chapitre précédent, où un jeune homme boit une bouillie de graisse blanche. C'est carrément dégoûtant ! Mais puisque le dégoût est une émotion très stimulante, les gens en ont parlé[99]. Les messages qui angoissent ou dégoûtent (forte stimulation) au lieu de rendre triste (faible stimulation) feront davantage l'objet d'échanges. Lorsqu'elles sont bien utilisées, les émotions négatives peuvent être de puissants déclencheurs de discussion.

PORTE-BÉBÉ, BOYCOTTAGE ET MAUVAIS BUZZ

2008 fut l'année de nombreuses premières : premier président africain américain des États-Unis, premiers Jeux olympiques en Chine, première Semaine internationale des moyens de transport des bébés (événement dont vous n'étiez probablement pas au courant).

Le port du bébé en écharpe remonte à la nuit des temps et, selon certains experts, il consoliderait le lien entre la mère et son bébé, tout en améliorant leur santé[100]. Mais les poussettes et autres types de voiturettes ont fini par le remplacer. C'est sans doute la raison pour laquelle, en 2008, on a créé un événement pour sensibiliser les gens des quatre coins du monde et les encourager à renouer avec cette pratique.

McNeil Consumer Healthcare, le fabricant des comprimés anti-douleur Motrin dont le slogan était « We feel your pain » (Nous comprenons votre douleur), vit dans la Semaine en question une jolie occasion d'affaires. Dans l'intention de se montrer solidaire, il produisit une publicité axée sur les différentes douleurs que pouvait ressentir une mère qui utilisait un porte-bébé.

La publicité est un court film d'animation commenté en voix off par une femme[101]. Notamment, elle déclare que tout en étant géniale pour le bébé, le porte-bébé cause beaucoup de tensions dans le dos, le cou et les épaules de la maman, tensions qui peuvent être soulagées par Motrin. « Il fait officiellement de moi une mère, précise-t-elle. Et si j'ai l'air fatiguée et fêlée, les gens comprendront pourquoi. »

Profondément offensées par ces affirmations (elles utilisaient des porte-bébés pour suivre la mode et elles avaient l'air folles), les mères prirent d'assaut blogues et comptes Twitter. Et une vague de fureur se répandit.

Des milliers de personnes prirent part à la campagne anti-Motrin. Les commentaires se multiplièrent. « Un bébé ne sera jamais une mode, écrivit une mère outrée. Quelle pensée scandaleuse!» Plusieurs autres déclarèrent leur intention de boycotter la compagnie. Le *New York Times, Ad Age* et une multitude d'autres médias firent leurs choux gras de cette bévue. En un rien de temps, 70 % des résultats d'une recherche comprenant les mots «Motrin» et «maux de tête» firent référence à la débâcle publicitaire de la compagnie[102].

Finalement, après un délai beaucoup trop long, Motrin retira la publicité de son site Web et diffusa un long message d'excuse.

Et les technologies dans tout cela?

Grâce à la technologie, il est désormais plus facile de rallier les gens autour d'une cause ou d'un intérêt commun. Les médias sociaux, par exemple, permettent à ceux ayant les mêmes dispositions d'esprit de se repérer rapidement, d'échanger et de coordonner des plans d'action.

Ces technologies sont très utiles pour les gens qui vivent éloignés les uns des autres ou qui traitent de questions d'ordre social ou politique particulièrement délicates. Pour plusieurs, les médias sociaux ont joué un rôle catalyseur dans le Printemps arabe, la vague de contestations qui a balayé le monde arabe en 2011 et qui, entre autres, a contribué au renversement des gouvernements tunisien et égyptien.

Lorsqu'il favorise la mobilisation pour de bonnes causes, le bouche à oreille est, sans conteste, positif. Mais il peut tout aussi bien favoriser la circulation de fausses rumeurs et de commérages particulièrement nuisibles. Est-il possible de savoir quels types de messages feront du surplace ou, au contraire, boule de neige?

Le concept de stimulation physiologique répond en partie à cette question. Comme nous l'avons vu plus haut, certains types de messages négatifs sont plus susceptibles de se répandre et de devenir viraux parce qu'ils sont très stimulants. Il est probable que les commentaires furieux sur le mauvais service à la clientèle d'un magasin ou que les ouï-dire angoissés sur d'éventuelles mises à pied dans une entreprise circuleront davantage que des manifestations de tristesse ou de déception.

Les enseignants et les directeurs d'écoles devraient donc se méfier des rumeurs basées sur des émotions stimulantes, car elles risquent d'avoir la vie dure. Au même titre, le fabricant de Motrin aurait pu tuer dans l'œuf la campagne de boycottage qui lui a nui en surveillant les conversations en ligne. En parcourant les blogues, les tweets, les comptes Facebook, il aurait rapidement compris que sa publicité avait mis beaucoup de gens en colère, et aurait pu agir en conséquence.

Réagir dès que possible à des messages basés sur des émotions négatives très stimulantes peut freiner une vague de défaveur.

L'EXERCICE FAIT PARLER

Au laboratoire d'observation comportementale de Wharton, les sujets sont payés pour se soumettre à toutes sortes d'expériences dans les champs de la psychologie et du marketing. Le plus souvent, ils répondent à des questionnaires à choix multiples sur papier ou en ligne.

Mais dans le cadre d'une expérience que j'ai menée il y a quelques années, j'ai donné un tout autre genre de consignes à mes sujets.

J'ai invité le premier groupe de participants à s'asseoir et à relaxer pendant 60 secondes. Assez facile.

J'ai demandé au second groupe de participants de jogger légèrement sur place, également pendant 60 secondes et ce, peu importe le type de vêtements et de chaussures qu'ils portaient. Tous se sont exécutés et ce, en dépit des regards incrédules que certains nous ont jetés.

Une fois cet exercice fini, les sujets des deux groupes ont été invités à participer à ce qui leur a été présenté comme une deuxième expérience sans lien avec la première. Ils devaient lire un article du journal universitaire, puis, s'ils le souhaitaient, l'envoyer par courriel à des amis.

En réalité, cette deuxième expérience faisait partie de la première. À ce stade, nous savions que les expériences ou les messages basés sur des émotions stimulantes étaient plus susceptibles d'être propagés. Mais je voulais vérifier si toute autre forme de stimulation physiologique pouvait amener les gens à propager de l'information et ce, même si l'information n'a rien à voir avec la source de stimulation.

La course sur place était la forme idéale de stimulation pour vérifier cette hypothèse. Elle est dénuée d'émotion, mais elle est très stimulante sur le plan physiologique, car elle augmente le rythme cardiaque, la tension artérielle, etc.

Comparativement aux participants qui avaient été invités à relaxer, les participants qui avaient joggé sur place ont été deux fois plus nombreux à envoyer l'article à un ami, ce qui représentait 75 % de ce groupe. N'importe quelle sorte de stimulation, qu'elle soit de nature affective ou physiologique et quelle que soit sa source, peut donc favoriser le bouche à oreille.

L'importance de la stimulation physiologique

Avez-vous déjà été coincé dans un avion à côté d'un passager qui s'est longuement épanché auprès de vous, en vous livrant des détails très personnels ? Ou, au contraire, avez-vous constaté après coup que vous-même en aviez trop dit à une personne que vous connaissiez à peine ?

Il se peut que ce passager se soit senti particulièrement à l'aise avec vous ou que vous ayez bu un margarita de trop. Mais une troisième raison peut expliquer pourquoi dans certaines situations les gens ont tendance à échanger et, parfois, en révèlent plus qu'ils ne devraient : les aspects physiologiquement stimulants de la situation en question.

Essayez de vous en souvenir la prochaine fois que vous reviendrez de faire votre jogging, que vous éviterez un accident de justesse ou que vous serez dans une zone de turbulence en avion. En effet, ces expériences peuvent vous donner envie de vous ouvrir à autrui.

Pour déclencher le bouche à oreille, il suffit donc parfois de trouver des gens qui sont déjà enflammés. Par rapport à un documentaire sur un personnage historique, un jeu télévisé excitant comme *Deal or No Deal**

---

* *Le Banquier* au Québec.

ou une émission à suspense comme *Les Experts* a beaucoup plus de chance de stimuler les téléspectateurs et de les amener à échanger. Qui plus est, ils seront plus susceptibles de parler aussi des publicités diffusées pendant les pauses. Il en va de même des publicités affichées dans les centres sportifs ; elles peuvent provoquer des débats parmi des gens fortement stimulés à cause de l'exercice. Tout comme les réunions itinérantes favorisent l'échange d'idées et d'opinions entre collègues de travail.

Ces principes s'appliquent également au contenu en ligne. Certains sites Web, articles ou vidéos sur YouTube stimulent davantage que d'autres. Les blogues sur les marchés financiers, les vidéos désopilantes et les articles sur le favoritisme en politique peuvent enflammer leurs destinataires, qui seront dès lors plus susceptibles d'échanger également sur les publicités et toute autre forme de contenu qui figureront sur ces pages.

Si l'on songe à faire passer une publicité dans le cadre d'une émission de télé fortement stimulante, il faut bien choisir son moment. Dans les séries policières, par exemple, la tension atteint souvent son paroxysme au milieu de l'émission, et se dissipe graduellement jusqu'à la fin quand le crime est résolu. Dans un jeu télévisé, l'excitation – et donc, la stimulation – est au maximum lorsque les concurrents sont sur le point de découvrir le montant qu'ils ont remporté. Les téléspectateurs seront plus susceptibles de parler des publicités diffusées durant ces périodes.

L'essentiel

Les émotions incitent les gens à agir. Elles font rire, crier, pleurer, parler, échanger et acheter. Plutôt que de citer des chiffres, on a donc intérêt à évoquer des sentiments. Comme l'a si bien dit Anthony Cafaro, le graphiste de Google :

Lorsqu'on fait la promotion d'un produit, qu'il soit numérique, comme Google, ou physique, comme des espadrilles, on doit le faire de façon à toucher les gens. Ils ne veulent pas qu'on leur livre de l'information, ils veulent être divertis, ils veulent être émus.

Provoquer l'émotion est la clé de la propagation. Par un effet de stimulation physiologique, elle incite les gens à parler et à échanger. Pour déclencher le bouche à oreille, il faut donc exciter les gens, les faire rire, les faire bouger, les rendre furieux, mais éviter de les rendre tristes.

À première vue, la dynamique des fluides et la recherche en ligne sont les sujets les moins émouvants qui soient. Mais en les rattachant à l'expérience humaine, Denise Grady et Anthony Cafaro ont touché une corde sensible chez leurs destinataires. Et lorsqu'on ressent une émotion, on en parle.

CHAPITRE 4

LA VISIBILITÉ

Ken Segall était le bras droit de Steve Jobs[103]. Directeur de la création à l'agence de publicité avec laquelle faisait affaire Jobs, il se chargea du compte Apple dès le début des années 1980. Il suivit Jobs lorsque celui-ci démarra NeXT Computer après avoir été congédié d'Apple et y revint avec lui en 1997. Ken participa à la conception de campagne « Pensez autrement » et de la publicité « Les fous ». Et c'est lui qui lança l'iTendance en baptisant iMac l'ordinateur tout-en-un et tout en courbes.

À l'époque de l'iMac, Ken et son équipe rencontraient Jobs deux fois par mois pour faire le point. Ils faisaient état de leurs travaux publicitaires en cours : idées prometteuses, nouveaux slogans, mises en pages originales. En retour, Jobs les informait de la progression des ventes et des projets qui nécessiteraient la création de nouveaux concepts.

Jobs était obsédé par l'expérience client. C'était sa priorité absolue. C'était le client qui casquait, disait-il, il fallait donc bien le traiter. Ce principe guidait chaque aspect de la conception des produits, depuis l'emballage jusqu'au soutien technique. Vous n'avez qu'à ouvrir la boîte d'un iPhone pour comprendre de quoi il retourne : on a effectivement travaillé fort pour nous donner un tel sentiment de solidité et de luxe.

Un jour, Jobs soumit un problème à l'équipe de Ken. Apple était sur le point de lancer le PowerBook G4. Cet ordinateur portable était une merveille de technologie et de design. Son armature en titane était révolutionnaire, à la fois plus solide que l'acier et plus légère que l'aluminium. Et avec ses 2,5 cm d'épaisseur, c'était l'un des appareils les plus minces sur le marché.

Mais ce n'était ni le poids ni la solidité du G4 qui préoccupait Jobs. C'était l'orientation du logo (le fameux dessin d'une pomme dans laquelle on a croqué) qui figurait sur le couvercle de l'ordinateur.

Compte tenu de la portabilité de l'appareil, l'utilisateur passait son temps à le glisser dans son sac et à l'en retirer lorsqu'il voulait s'en servir. Jobs voulait que cette expérience soit aussi coulante que possible, et que l'emplacement et le sens du logo permettent à l'utilisateur de repérer facilement le loquet. Dans un premier temps, il décida de le disposer de façon à ce qu'il soit à l'endroit lorsque le couvercle était fermé.

Mais c'était bien là le problème. Une fois l'utilisateur installé au café pour travailler, le logo Apple apparaîtrait à l'envers à tous ceux qui le verraient.

Fervent adepte du *branding*, Jobs voyait d'un très mauvais œil toutes ces pommes à l'envers. Il craignait même que la marque en souffre.

Qu'est-ce qui est le plus important, demanda Jobs à l'équipe de Ken: présenter le logo à l'endroit au client avant qu'il n'ouvre son PowerBook, ou le présenter à l'endroit au reste de l'univers lorsque l'appareil est utilisé?

Comme vous pourrez le constater la prochaine fois que vous jetterez un coup d'œil à un portable Apple, Ken et Jobs décidèrent d'inverser le logo. Pourquoi? Pour qu'il soit bien visible pour l'entourage de l'utilisateur. Jobs avait compris qu'il faut voir quelqu'un d'autre en action pour avoir envie de l'imiter.

Le mot-clé ici est «voir». On ne peut imiter que ce qu'on peut voir. Favoriser la *visibilité* favorise donc le bouche à oreille. Si un produit est conçu pour être vu, il y a des chances qu'il soit répandu.

LA PSYCHOLOGIE DE L'IMITATION

Imaginez que vous êtes en déplacement professionnel ou en vacances avec un ami et que vous arrivez dans une ville que vous connaissez à peine. Le temps de déposer vos bagages à l'hôtel et de prendre une douche, vous vous rendez compte que vous êtes affamé. Ça tombe bien, c'est l'heure de dîner.

Vous ne voulez pas prendre le temps de lire les critiques de restaurants sur Internet et le concierge de l'hôtel est trop occupé pour vous recommander un endroit. Vous décidez donc d'y aller au hasard.

Mais une fois dehors, vous êtes frappé par la multitude d'options qui s'offrent à vous. Comment faire pour choisir entre ce restaurant thaï, tout mignon avec son auvent pourpre, ce bar à tapas branché et ce bistro italien ?

Si vous êtes comme la plupart des gens, vous irez probablement là où il y a le plus de monde. Si un restaurant est bondé, c'est sans doute parce qu'on y mange bien[104]. S'il est désert, vous feriez peut-être mieux de passer votre chemin.

Ce n'est là qu'un exemple d'un phénomène, plus global, voulant qu'on ait tendance à imiter ses semblables. On a le même style vestimentaire que ses proches. Au restaurant, on choisit les plats qu'on voit les autres manger. À l'hôtel, on utilise les serviettes éponge plusieurs fois si l'on croit que les autres l'on fait[105]. Une personne est plus susceptible de voter si son conjoint le fait, de cesser de fumer si ses amis s'en abstiennent et de prendre du poids si les gens de son entourage deviennent obèses[106]. Ce principe vaut autant pour des actions sans conséquences, tel l'achat d'une marque de café en particulier, que pour des actions plus importantes, tel le paiement des impôts[107]. On lui doit également l'utilisation de rires enregistrés à la télé : les gens sont plus susceptibles de trouver certaines scènes drôles s'ils entendent des gens rire[108].

On imite les autres en partie parce que leurs choix sont informatifs. Chaque jour, on doit prendre des décisions plus ou moins éclairées. Quelle est la fourchette à salade déjà ? Qu'est-ce que je pourrais apporter comme bouquin en vacances ? On a une vague idée de ce qu'il faut faire, sans en être totalement certain. C'est dans ces moments-là que l'on regarde ce que les autres font et qu'on les imite. On suppose qu'ils savent quelque chose que l'on ignore. Si autour de la table, les gens prennent la petite fourchette pour manger leur roquette, on fera de même. S'ils sont nombreux à lire le tout nouveau roman de John Grisham, on se le procurera pour l'apporter en vacances.

C'est ce que les psychologues appellent la « preuve sociale »[109], un phénomène qui explique notamment pourquoi les garçons de café et les barmans placent un récipient à pourboires sur le bar et y versent une poignée de pièces au début de leur quart de travail. Devant un récipient vide, les clients auront tendance à s'abstenir de donner du pourboire, car ils croiront que les autres n'en ont pas donné, tandis qu'un récipient rempli à ras bord aura l'effet inverse.

Quelques cas de preuve sociale

La preuve sociale agit même lorsqu'il est question de vie ou de mort.

L'insuffisance rénale est une maladie grave. En effet, les reins filtrent les toxines et les impuretés sanguines, et tout l'organisme est touché lorsqu'ils cessent de fonctionner. Le sodium s'accumule, les os s'affaiblissent, et le risque d'anémie et de maladie du cœur augmente. À moins d'être traité rapidement, on en meurt.

Chaque année aux États-Unis, plus de 40 000 personnes souffrent d'insuffisance rénale sévère. Elles doivent alors se soumettre trois fois par semaine à des traitements de dialyse d'une durée de cinq heures chacun ou se faire greffer un nouveau rein. Mais cette deuxième option ne va pas de soi. Actuellement, plus de 100 000 personnes – auxquelles s'y ajoutent 4 000 de plus chaque mois – sont en attente d'organes.

Habituellement, dès qu'un rein est disponible, il est offert à la première personne qui figure sur la liste d'attente, soit à celle qui attend depuis le plus longtemps. On suppose qu'en se voyant proposer l'organe qui lui sauvera la vie elle sautera sur l'occasion. Pourtant, les malades refusent les reins qui leur sont soumis dans 97,1 % des cas.

Une grande partie de ces refus s'explique par l'incompatibilité des groupes sanguins. À cet égard, la greffe d'organes ressemble un peu à la mécanique automobile. Tout comme il est impossible d'installer un carburateur Honda dans une BMW, on ne peut greffer un rein que si donneur et receveur ont le même groupe sanguin.

Mais selon Juanjuan Zhang, professeur au MIT, qui a examiné des centaines de cas de dons d'organes, le concept de preuve sociale explique une partie de ces refus[110]. Supposons que vous êtes centième sur la liste d'attente. Si l'on vous propose un rein, cela signifie que les 99 personnes qui vous précèdent l'ont refusé. Comme la plupart des gens, vous ne pourrez vous empêcher de penser que cet organe a des défauts. À cause de ce genre de conjectures, 10 % des malades, autrement dit, des milliers de personnes, refusent des reins qu'ils auraient dû accepter. Même sans communiquer directement entre eux, ces gens prennent leurs décisions en se basant sur le comportement des autres.

Ce genre de phénomène se produit dans bien d'autres domaines.

À New York, Halal Chicken and Gyro offre à des prix très abordables de délicieux plats de poulet et d'agneau servis avec du riz et du pain pita. Selon le magazine *New York,* cette camionnette-restaurant se classe parmi les 20 plus populaires du genre*. De fait, il n'est pas rare qu'on voie des gens faire la queue pendant une heure devant Halal Chicken and Gyro.

Vous pensez probablement que ces mets en valent la peine. Vous avez en partie raison.

Or, les propriétaires de Halal Chicken and Gyro exploitent une autre camionnette-restaurant de l'autre côté de la rue, Halal Guys. Même genre de nourriture, mêmes emballages, bref, produit pratiquement identique. Or, Halal Guys n'a jamais connu le succès de son grand frère. Pourquoi ?

---

* Aux États-Unis, plusieurs villes permettent aux restaurateurs d'offrir des plats simples à partir d'installations mobiles (petits camions ou voiturettes) installées temporairement sur les trottoirs ou sur la chaussée, tout près du trottoir. Le plus connu dans le genre est le *hot dog stand.*

À cause de la preuve sociale. Plus la queue est longue, plus les gens pensent que les mets y sont meilleurs.

Ce grégarisme influence même le type de carrière que les gens envisagent. Chaque année, je soumets mes étudiants de deuxième année au MBA à un petit exercice. Je divise la classe en deux groupes et je demande aux étudiants du premier groupe d'indiquer par écrit ce qu'ils voulaient faire de leur vie au moment d'entamer leurs études de deuxième cycle. Je demande aux autres étudiants ce qu'ils ont l'intention de faire *maintenant.* Personne ne sait quelle question a été posée à l'autre groupe, et les réponses restent anonymes.

Les résultats sont frappants. Avant d'entreprendre leur MBA, les étudiants ont toutes sortes d'ambitions: réformer le système de santé, construire un nouveau site Web de voyage, faire carrière dans le divertissement, entrer en politique, démarrer une entreprise. Environ 20 % veulent entrer au service d'une banque d'affaires ou d'un cabinet-conseil. Dans l'ensemble, ils représentent une grande diversité d'intérêts, d'objectifs et d'orientations.

Les réponses des étudiants ayant terminé une année d'études sont beaucoup plus homogènes. Plus des deux tiers disent vouloir entrer au service d'une banque d'affaires ou d'un cabinet-conseil.

Bien entendu, certains étudiants peuvent avoir changé d'idée en cours de route parce qu'ils en ont appris davantage sur la carrière qu'ils convoitaient à l'origine, et ont conclu que ça ne les intéressait pas. Mais une telle convergence est en partie due à la preuve sociale. Ne sachant pas vraiment quelle carrière choisir, plusieurs étudiants ont regardé ce que les autres faisaient, les ont imités, et cela a fait boule de neige.

Certes, seulement 20 % d'entre eux étaient intéressés par des carrières dans des banques d'affaires et des cabinets-conseils, mais c'était la proportion la plus importante. Quelques personnes ont pris connaissance des intentions de ce petit groupe et ont changé d'orientation. Ils ont été imités par quelques autres, et ainsi de suite. Bientôt, c'est 30 % des étudiants qui voulaient faire carrière dans les banques d'affaires et les cabinets-conseils, et ils ont entraîné une plus grande proportion dans leur sillage. La preuve sociale ou, si l'on veut, l'influence sociale a fait ni plus ni moins gonfler un faible avantage numérique, et a détourné certains étudiants de leurs ambitions de départ.

L'influence sociale a un impact majeur sur le comportement. Mais pour savoir comment utiliser ce phénomène afin de créer une tendance, il faut comprendre à quel moment il est le plus fort.

LE POUVOIR DE L'«OBSERVABILITÉ»

Koreen Johannessen était travailleuse sociale à l'Université de l'Arizona[111]. Elle fut d'abord embauchée par le service de santé mentale de l'établissement pour aider les étudiants qui souffraient de dépression, consommaient de la drogue, etc. Mais après quelques années, elle réalisa qu'elle prenait les choses par le mauvais bout. Certes, elle pouvait aider les étudiants à régler leurs problèmes, mais il était de loin préférable qu'elle les aide à les prévenir. Elle quitta donc le service de santé mentale pour se consacrer à la diffusion d'information sur la santé. Elle finit par devenir directrice des services de prévention et de promotion de la santé.

La consommation d'alcool était l'un des principaux problèmes de l'Université de l'Arizona. En cela, elle n'était pas différente de la plupart des universités américaines. Plus de 75 % des étudiants qui ne sont pas en âge de boire consomment de l'alcool, et 44 % le font de façon *excessive*. Chaque année, 600 000 jeunes subissent des blessures parce qu'ils étaient sous l'influence de l'alcool et plus de 1 800 en meurent[112]. C'est un problème extrêmement préoccupant.

Koreen Johannessen s'y attaqua de front. Elle distribua partout sur le campus des dépliants sur les conséquences désastreuses des beuveries. Elle fit paraître dans le journal universitaire un article à propos de leurs effets sur les fonctions cognitives et les résultats scolaires. Elle alla même jusqu'à faire installer au centre communautaire un cercueil sur lequel étaient affichées des statistiques sur les décès dus à la consommation d'alcool. Aucune de ces actions ne sembla avoir un effet notable sur le problème. La sensibilisation ne suffisait pas.

Koreen eut alors l'idée de demander aux étudiants ce qu'ils pensaient des beuveries. Elle fut surprise de constater que la plupart d'entre eux ne les approuvaient pas. Ils aimaient boire un verre à l'occasion, comme beaucoup d'adultes, mais ils n'aimaient pas faire des excès comme certains de leurs camarades. C'est avec dégoût qu'ils lui racontèrent comment ils avaient dû soigner la gueule de bois d'un colocataire ou tenir les cheveux d'une amie pendant qu'elle vomissait.

Koreen était ravie... jusqu'à ce qu'elle y réfléchisse à deux fois.

Si la plupart des étudiants n'approuvaient pas la culture de beuverie qui régnait sur le campus, comment se faisait-il qu'elle y était bien vivante? Pourquoi les étudiants buvaient-ils autant s'ils n'aimaient pas vraiment cela?

Parce que le comportement est public et les pensées sont privées[113].

Mettez-vous dans la peau d'un étudiant sur un campus américain. Lorsque vous regardez autour de vous, vous *voyez* beaucoup d'étudiants se saouler. Vous voyez l'alcool couler à flots pendant les fêtes d'avant-match de football et les fêtes des résidences d'étudiants. Vous voyez que les étudiants sont heureux de boire. Et si vous n'en faites pas autant, vous vous sentez à *l'écart*. Vous prenez donc un autre verre.

Mais ce que les étudiants ne savent pas, c'est que *tous les autres* pensent la même chose. Ils vivent tous la même expérience. Ils boivent parce qu'ils voient les autres boire. Et cela continue parce que personne ne peut lire dans les pensées des autres. Autrement, ils ne se sentiraient pas obligés de boire autant.

Pensez à une situation qui vous est peut-être plus familière : une présentation PowerPoint sur la diversification du capital ou sur la réorganisation de la chaîne d'approvisionnement. Bref, quelque chose d'incompréhensible. «Y a-t-il des questions?» demande le conférencier à la fin de sa présentation.

Personne ne lève la main.

Pourquoi? Ce n'est certainement pas parce que tous ont compris, sauf vous, mais bien parce que tout un chacun craint d'être le seul à montrer qu'il n'a rien saisi. Encore une fois, pourquoi? Parce que justement personne ne pose de questions. Voilà un beau cercle vicieux. Puisque personne ne *voit* que les autres n'ont pas compris la présentation, chacun reste sur ses gardes et conserve ses doutes. Parce que le comportement est public et les pensées sont privées.

Comportement public et comportement privé

On ne peut imiter que ce qu'on *voit*. Un étudiant a beau être contre les beuveries, il se saoulera quand même parce qu'il verra les autres le faire. Et si on ne voit pas à l'intérieur d'un restaurant (à cause de ses fenêtres aux vitres dépolies, par exemple), on ne saura pas qu'il est populaire et peut-être que l'on n'y mettra jamais les pieds[114].

La visibilité est une condition importante de la popularité d'un produit ou d'un concept. Il vous est sans doute déjà arrivé de voir quelqu'un porter un chemisier qui vous plaisait, puis d'en chercher un identique ou du même style dans les boutiques. Mais il y aurait peu de chances que cela se produise pour une paire de chaussettes, car si on voit les chemisiers, on ne voit pas vraiment les chaussettes. Les premiers sont publics, les secondes privées.

Il en va de même du dentifrice. Vraisemblablement, vous ne savez pas quelle sorte de dentifrice utilise votre voisin, car ce produit se trouve enfermé dans une armoire de sa salle de bain. En revanche, vous savez sans doute quel est son modèle de voiture. Il est même probable que son comportement en matière de consommation de voiture influence le vôtre.

Blake McShane, Eric Bradlow et moi-même avons vérifié cette hypothèse en analysant les données relatives à 1,5 million d'achats de voitures[115]. Autrement dit, nous nous sommes demandé si le seul fait de voir son voisin acheter une nouvelle voiture incitait une personne à en faire autant.

Nous avons constaté que l'achat d'une voiture a beaucoup d'effet sur le voisinage. Ainsi, une personne qui vit à Denver, par exemple, est plus susceptible d'acheter une nouvelle voiture si les autres citoyens de cette ville l'ont fait récemment. Environ un huitième des voitures sont achetées sous le coup de ce type d'influence sociale.

Qui plus est, l'influence sociale s'est avérée plus forte dans les villes où l'on voyait davantage les voitures. Ainsi, à Los Angeles, où l'on se déplace surtout en voiture, on est plus susceptible d'imiter ses voisins qui viennent d'en acheter une nouvelle qu'à New York, où l'on se déplace surtout en métro. À Seattle, où il pleut souvent, on est moins susceptible de le faire qu'à Miami, où le soleil permet de bien voir les automobiles que les gens conduisent.

Par ailleurs, plus un objet est visible, plus il est susceptible de faire parler de lui. Si vous entrez chez quelqu'un et remarquez un étrange presse-papiers, un joli tableau, etc., il est probable que vous ferez un commentaire, chercherez à savoir d'où il vient, etc. Enfermés dans un coffre-fort ou rangés dans le sous-sol, ces objets ne déclencheraient aucune discussion. Autrement dit, la visibilité renforce le bouche à oreille. Plus un objet est visible, plus les gens en parleront[116].

La visibilité fait également acheter et agir. Comme nous en avons discuté dans le chapitre sur les déclencheurs, les stimuli de l'environnement rappellent aux gens qu'ils voulaient acheter ou faire telle et telle chose. Vous avez peut-être l'intention de modifier vos habitudes alimentaires ou de consulter ce nouveau site Web qu'un ami vous a recommandé, mais sans un déclencheur pour raviver votre mémoire, il se peut que vous n'y pensiez plus au moment crucial. Plus un produit ou service est rendu public, plus il incitera les gens à agir.

Dès lors, comment peut-on accroître la visibilité des produits et, surtout, des concepts?

L'IMPORTANCE DE PUBLICISER LE PRIVÉ

Chaque automne, j'enseigne à une soixantaine d'étudiants inscrits au MBA de la Wharton School. À la fin octobre, je commence à bien les connaître. Je sais qui arrivera en retard chaque jour, qui lèvera la main en premier, qui est toujours vêtue comme une prima donna.

J'ai donc été surpris il y a quelques années de voir un de mes étudiants que je croyais assez conventionnel arborer en novembre une énorme moustache aux extrémités sur le point de se retrousser. Elle lui donnait une allure à mi-chemin entre Rollie Fingers* et un méchant dans les vieux films noir et blanc.

Je me suis dit qu'il faisait une expérience. Puis, j'ai remarqué deux autres étudiants nouvellement moustachus. Il semblait y avoir là une tendance. Mais de quoi s'agissait-il au juste?

Le retour de la moustache

Chaque année, le cancer tue 4,2 millions d'hommes, alors qu'on diagnostique 6 millions de nouveaux cas de la maladie à l'échelle mondiale[117]. La recherche et la mise au point de traitements pour vaincre les différents types de cancers dépendent en grande partie des dons. Or, habituellement, l'acte de soutenir financièrement une cause, qu'il s'agisse ou non de la lutte contre le cancer, est privé. Vous ne savez probablement pas qui, de vos voisins, collègues ou amis, ont fait des dons pour contribuer à une cause, et ils ne savent pas si vous en avez fait. Leur comportement ne peut donc pas influencer le vôtre et vice versa.

D'où l'utilité des moustaches.

Tout commença un dimanche après-midi de 2003, à Melbourne, en Australie.

Un groupe d'amis discutaient à bâtons rompus en buvant de la bière. Ils en vinrent à parler de la mode des années 1970 et 1980. « Qu'est-il arrivé à la moustache ? » demanda l'un d'eux. Quelques bières plus tard, ils décidèrent de tous se laisser pousser la moustache pour voir qui aurait la plus belle. La nouvelle se répandit parmi leurs autres groupes d'amis, et bientôt une trentaine d'hommes relevèrent le défi. Ils gardèrent leur moustache pendant tout le mois de novembre.

L'expérience avait été tellement amusante qu'ils décidèrent de la refaire exactement un an plus tard, mais cette fois, en y associant une cause.

---

* Ancienne vedette du baseball américain dont la moustache est célèbre.

Inspirés par les projets de sensibilisation au cancer du sein, ils mirent donc sur pied la fondation Movember, qui a pour devise : « Changeons la face de la santé masculine ». Cette année-là, 450 Australiens recueillirent 54 000 $ pour contribuer à la lutte contre le cancer de la prostate.

Le mouvement se développa. En 2005 et 2006, la fondation Movember réunit respectivement 9 000 et plus de 50 000 participants. Puis en 2007, des hommes se laissèrent pousser la moustache dans les quatre coins du monde : de l'Irlande au Danemark, en passant par l'Afrique du Sud et Taiwan. En fait, depuis sa création, Movember a réussi à amasser plus de 174 millions de dollars à l'échelle mondiale. Pas mal pour quelques touffes de poils[118].

Dorénavant, chaque mois de novembre, des hommes partout dans le monde s'engagent à sensibiliser leur entourage et à amasser des fonds pour contribuer à la lutte contre le cancer. Les règles sont claires : ils commencent le mois avec un visage glabre, puis se laissent pousser une superbe moustache. Et tant qu'à y être, on les encourage également à se conduire en véritables gentlemen.

Si la fondation Movember a connu un tel succès c'est que ses responsables ont trouvé le moyen de *publiciser le privé*. Ils ont réussi à rendre très visible une action habituellement invisible : le soutien financier pour une cause abstraite. Pendant tout le mois de novembre, les hommes qui arborent une moustache deviennent de véritables panneaux publicitaires ambulants et parlants pour leur cause. Comme le souligne le site Web :

Par ce qu'ils font et ce qu'ils disent, ils contribuent à sensibiliser leur entourage en favorisant les conversations privées et les débats publics sur ce sujet souvent négligé de la santé masculine*.

Et effectivement, ce mouvement favorise les conversations. Habituellement, les gens de l'entourage du nouveau moustachu potinent entre eux jusqu'à ce que l'un deux ose lui demander pourquoi il a changé de look.

---

* Cette citation ainsi que le slogan plus haut sont tirés du site canadien-français de Movember.

Et lorsqu'il s'explique, il se fait du capital social et recrute de nouveaux adeptes. Chaque année, je vois de plus en plus d'étudiants porter la moustache en novembre. Cet événement public a popularisé la lutte contre le cancer beaucoup plus rapidement que ne l'aurait fait n'importe quelle campagne traditionnelle.

Rendre l'invisible... visible

La plupart des produits, concepts et comportements sont consommés ou adoptés en privé. Savez-vous quels sites Web consultent vos collègues ou quelles politiques municipales appuient vos voisins? À moins qu'ils ne vous le disent, vous n'en savez probablement rien, ce qui d'ailleurs ne vous préoccupe guère. Mais ce genre d'information est très important pour le succès des organismes, des entreprises et des idées. De plus, à l'instar des étudiants qui se soûlent pour imiter les autres, on peut très bien adopter de «mauvais» comportements si on a l'impression qu'on est seul à avoir certaines opinions*.

La solution à ce problème: publiciser le privé. Autrement dit, il faut créer des signaux publics pour les choix, actions et opinions privés, et rendre visibles les comportements ou pensées habituellement invisibles.

C'est en publicisant le privé que Koreen Johannessen a convaincu les étudiants de l'Université de l'Arizona de réduire leur consommation d'alcool. En effet, elle a publié dans le journal universitaire des publireportages qui faisaient simplement état de la véritable norme, à savoir que lorsqu'ils faisaient la fête, la plupart des étudiants ne buvaient qu'un ou deux verres et que 69 % d'entre eux n'en prenaient pas plus de quatre. Il n'était aucunement fait mention des conséquences

---

* Note de l'auteur: La publicisation du privé est particulièrement utile pour les thèmes délicats à aborder. Ainsi, bien que beaucoup de gens adhèrent à des réseaux de rencontres en ligne, ils ne sont pas aussi nombreux à en parler, car ce n'est pas totalement accepté dans notre culture. Et cela est en partie dû au fait que l'on ignore à quel point ce phénomène est répandu. Pour rendre ce service encore plus populaire, les réseaux de rencontres en ligne doivent donc trouver un moyen de le faire savoir. Dans la même veine, les fabricants de Viagra ont créé le terme «dysfonction érectile (DE)» pour permettre aux gens de parler plus librement d'un problème privé. Et de nombreuses universités ont lancé la journée «portez un jeans si vous êtes gay» notamment pour sensibiliser la population à l'existence de la communauté LGBT.

néfastes de l'alcool sur la santé dans ces articles. Le seul fait de montrer que la majorité des étudiants ne se saoulaient pas a permis de leur faire comprendre que personne n'avait vraiment envie de se saouler. Résultat, les étudiants ont remis en question leurs hypothèses sur les comportements de leurs pairs et, du même coup, ont réduit leur consommation d'alcool. Sur le campus de l'Université de l'Arizona, les beuveries ont diminué de presque 30 %[119].

DE LA VISIBILITÉ À L'AUTO-PUBLICITÉ

Le 4 juillet 1996, Sabeer Bhatia et Jack Smith lancèrent un nouveau service de messagerie électronique : Hotmail. À l'époque, moyennant des frais mensuels, la plupart des Américains utilisaient la messagerie offerte par leur fournisseur de services Internet, notamment AOL. C'était contraignant, car ils ne pouvaient se brancher que par l'entremise de la ligne téléphonique et uniquement à partir de l'endroit où ils avaient fait installer le service. Autrement dit, ils étaient prisonniers d'un seul ordinateur.

Ce n'était pas le cas avec Hotmail, l'une des premières messageries Web offertes sur le marché. Elle permettait à ses abonnés de consulter et d'envoyer des courriels à partir de n'importe quel ordinateur à condition qu'ils aient accès à Internet et à un fureteur. Bhatia et Smith lancèrent leur produit le Jour de l'Indépendance (la fête nationale des États-Unis) pour symboliser la libération des internautes par rapport à leur fournisseur de services Internet.

Hotmail était un fantastique produit qui possédait les caractéristiques nécessaires pour déclencher le bouche à oreille : remarquabilité (le fait de pouvoir accéder à ses courriels peu importe où l'on se trouvait était en effet passablement remarquable), capital social (les premières personnes à adopter ce produit avaient résolument l'air cool) et valeur pratique (ses avantages sur ses concurrents, à commencer par la gratuité, étaient considérables).

Mais ce n'est pas tout. Les créateurs de Hotmail surent adroitement profiter de sa visibilité pour la rendre encore plus populaire.

Chaque courriel envoyé à partir d'un compte Hotmail se terminait par un lien vers le site et un message invitant le destinataire à s'abonner gratuitement à la messagerie. C'était en soi une promotion pour la marque. Chaque fois qu'un client de Hotmail envoyait un courriel, il envoyait donc à des clients potentiels un petit morceau de preuve sociale, un soutien implicite à un service inconnu jusque-là.

Et cela fonctionna. En un peu plus d'un an, Hotmail attira plus de 8,5 millions d'abonnés. Peu de temps après, Microsoft en fit l'acquisition pour la somme de 400 millions de dollars. Et depuis ce temps, plus de 350 millions de personnes s'y sont abonnées[120].

Apple et BlackBerry ont adopté la même stratégie. Les utilisateurs peuvent facilement enlever ou modifier la signature «Envoyé de mon iPhone» ou «Envoyé par BlackBerry» (à ce titre, un de mes collègues a inscrit: «Envoyé par pigeon voyageur»), mais la plupart des gens ne le font pas en partie parce qu'ils aiment le capital social que cette information leur procure. Et ce faisant, ils propagent la marque et encouragent les autres à l'essayer.

Quelques cas d'auto-publicité

Hotmail, iPhone, BlackBerry sont de bons exemples de produits et services faisant *leur propre publicité*. Chaque fois qu'une personne l'utilise un, elle propage une forme d'approbation sociale.

De nombreuses entreprises ont repris cette idée en mettant leur marque nettement en évidence. Ainsi, tous les produits d'Abercrombie & Fitch, de Nike et de Burberry sont agrémentés de noms de marques ou de logos distinctifs qui les identifient. Le panneau annonçant qu'une maison est à vendre fait également de la publicité pour l'agence immobilière avec laquelle le vendeur fait affaire.

Convaincues que plus c'est mieux, certaines entreprises font dans la démesure avec leur logo. Ainsi, le petit écusson en forme de joueur de polo caractéristique de la marque Ralph Lauren fait 16 fois son format habituel sur le polo Big Pony. Pour ne pas être en reste, Lacoste a tellement grossi l'image de son alligator sur le polo Oversized Croc que celui-ci semble sur le point d'avaler le bras de la personne qui le porte.

L'auto-publicité n'est pas confinée aux logos.

Lorsqu'Apple lança l'iPod, la concurrence était vive dans le secteur des lecteurs de musique numérique. Diamond Multimedia, Creative, Compaq et Archos offraient tous des lecteurs plus ou moins compatibles les uns avec les autres. Et comme nul ne pouvait prédire quelle norme sortirait gagnante, les consommateurs craignaient de délaisser leurs lecteurs de CD ou leurs walkmans pour se procurer ces nouveaux appareils au prix fort.

Apple prit alors la décision de fabriquer des écouteurs blancs pour son iPod. Comme la plupart des appareils étaient vendus avec des écouteurs noirs, ils ressortirent nettement du lot[121]. Cette forme d'auto-publicité permit de voir qui avait opté pour l'iPod et encouragea ceux qui songeaient à se le procurer.

L'auto-publicité se fait par les formes, les sons et toutes sortes d'autres traits distinctifs. Les croustilles Pringles ne sont pas vendues en sac comme les autres, mais dans une boîte de carton tubulaire. Les ordinateurs fonctionnant sous Microsoft émettent un son distinctif au démarrage. Les chaussures Christian Louboutin sont immédiatement reconnaissables à leurs semelles rouge vif.

Elle peut s'appliquer à toutes sortes de produits et services. Ainsi, les tailleurs impriment leur nom sur les housses servant au transport des vêtements qu'ils ont confectionnés. En boîte, on utilise des bougies à étincelles lorsqu'on sert à une table VIP. Habituellement, le billet qui donne un droit d'entrée à un événement dort au fond d'une poche. Si les responsables des ligues sportives ou les directeurs de théâtre utilisaient plutôt des boutons ou des pins, ils se feraient beaucoup plus de publicité.

La conception de produits et concepts qui font leur propre publicité est une stratégie particulièrement efficace pour les petites entreprises ou organisations qui n'ont pas de gros budgets publicitaires, car dans ce cas, ce sont les clients eux mêmes qui en font la promotion.

Une entreprise ou un organisme qui a de la chance verra ses produits et concepts auto-promotionnels consommés ou utilisés souvent. Mais qu'en est-il du reste du temps? Qu'arrive-t-il lorsque les gens appuient une autre cause, portent d'autres vêtements ou font tout autre chose? Reste-t-il quelque chose de l'approbation sociale qui a été générée à l'origine?

Oui. Et ça s'appelle le *résidu comportemental*[122].

LES BRACELETS LIVESTRONG EN TANT QUE RÉSIDUS COMPORTEMENTAUX

En 2003, Lance Armstrong était un produit à la mode. Et Scott MacEachern, qui était responsable de son sponsoring chez Nike, voulait bien trouver un moyen d'exploiter sa grande popularité.

L'histoire d'Armstrong était captivante. Sept ans auparavant, il avait reçu un diagnostic de cancer des testicules et un sombre pronostic: 40 % de chance de survie. Mais il avait surpris tout le monde en guérissant et en revenant au cyclisme plus fort que jamais. Il remporta le Tour de France cinq fois d'affilée et devint une source d'inspiration et d'espoir pour beaucoup de gens. Ceux-ci se disaient que si Armstrong avait pu vaincre le cancer, ils pourraient certainement surmonter leurs propres problèmes. (Il est à noter que depuis ce temps, il a admis que ses performances étaient attribuables à la consommation de substances interdites dans le sport. Il n'en vaut pas moins la peine d'examiner comment les bracelets Livestrong et de la Fondation Lance Armstrong ont connu un succès retentissant.)

Armstrong avait transcendé la pratique du sport. Il était non seulement un héro, mais une icône culturelle. MacEachern voulait à la fois reconnaître les exploits du sportif, célébrer son éventuelle sixième victoire au Tour de France et tirer parti de l'enthousiasme qu'il suscitait parmi la population pour recueillir des fonds pour la Fondation Lance Armstrong.

MacEachern développa deux concepts.

Il eut d'abord l'idée d'organiser un circuit à vélo panaméricain qui durerait des semaines et où Armstrong ferait quelques apparitions. Chaque participant se fixerait un nombre de kilomètres à parcourir et inviterait ses proches à le parrainer. Cet événement susciterait l'intérêt des gens pour la mise en forme, le cyclisme et la Fondation Lance Armstrong. Il ferait certainement l'objet d'une couverture médiatique considérable, tant à l'échelle nationale que locale (dans les villes du circuit).

Il eut ensuite l'idée du bracelet. Nike avait récemment lancé sur le marché des bandes en caoutchouc silicone à l'intérieur desquelles on pouvait lire des inscriptions inspirantes telles que «esprit d'équipe» et «respect». Les joueurs de basketball en portaient pour rester concentrés et motivés. Pourquoi ne pas fabriquer une bande ayant rapport à Lance Armstrong? Nike était capable d'en produire cinq millions. Elle les vendrait un dollar chacune et verserait tous les profits à la Fondation Lance Armstrong.

C'était l'idée que MacEachern préférait, mais il ne réussit pas à convaincre les conseillers d'Armstrong, qui croyaient qu'elle ferait un flop. Bill Stapleton, l'agent d'Armstrong, déclara que cette «idée stupide» n'avait aucune chance de réussir[123]. Même Armstrong était sceptique, se demandant ce qu'ils feraient des 4,9 millions de bandes qu'ils ne vendraient pas[124].

MacEachern se sentait coincé. Il avait beau aimer l'idée de la bande, il n'était pas certain de sa valeur. Mais il prit alors une décision apparemment sans conséquence, qui eut un impact considérable sur le succès du produit: il fit fabriquer des bracelets jaunes.

Il choisit cette couleur parce que c'était celle du maillot que portait Armstrong au Tour de France et qu'elle pouvait aussi bien convenir aux hommes qu'aux femmes. Le jaune était également à la fois rare et très frappant. Il tranchait sur pratiquement toutes les autres couleurs. On verrait le bracelet Livestrong de loin.

La visibilité contribua à l'immense popularité du produit[125]. Nike en écoula cinq millions en six mois. La demande dépassait l'offre. Les bracelets étaient tellement populaires que les gens se les arrachaient à 10 fois le prix de détail sur eBay. En fin de compte, on en vendit 85 millions. Il est d'ailleurs fort probable que vous connaissiez quelqu'un qui en porte toujours un. Pas mal pour un petit bout de plastique.

Il est facile de dire qu'une stratégie était manifestement gagnante après coup! On ne saura jamais si le circuit à vélo aurait été populaire. Ce que l'on sait en revanche c'est qu'il n'aurait pas généré le même résidu comportemental. Comme MacEachern l'a fait remarquer avec enthousiasme :

> *Ce qui est bien avec un bracelet c'est qu'il subsiste, ce qui n'aurait pas été le cas d'un circuit à vélo. On aurait eu des photos de l'événement, les gens en auraient parlé, mais on ne s'en serait pas souvenu chaque jour. Le bracelet, lui, est un rappel constant* [126].

Les résidus comportementaux correspondent aux vestiges ou aux traces physiques d'une action ou d'un comportement. Ce sont les trophées et les médailles d'un adepte des marathons. Ce sont les thrillers qui remplissent les étagères d'un amateur du genre.

Comme nous en avons discuté dans le chapitre sur le capital social, un objet tel que le bracelet Livestrong donne de l'information sur son propriétaire et ses préférences, y compris les causes sociales («objet» habituellement invisible) qu'il appuie. Et lorsqu'ils sont visibles, les résidus comportementaux favorisent l'imitation et déclenchent les conversations.

Quelques cas de résidus comportementaux

Il est difficile de convaincre les gens de voter. Toutes sortes d'obstacles les en empêchent. Ils doivent trouver le bureau de vote, s'absenter du travail et faire la queue, parfois pendant des heures, avant de pouvoir déposer leur bulletin dans l'urne. À cela s'ajoute le fait que le vote est un acte privé : le jour de l'élection, l'influence sociale ne joue pas un grand rôle puisque les citoyens n'ont aucun moyen de savoir qui va voter. C'est un geste auquel n'est pas associé un haut degré d'approbation sociale.

Mais dans les années 1980, les organisateurs d'élections ont trouvé un moyen simple de rendre le vote plus visible : un autocollant portant la mention «J'ai voté». Cet autocollant était en fait un résidu comportemental qui a publicisé l'acte privé de voter. Il a agi comme un rappel : aujourd'hui est un jour d'élection, j'ai voté, vous devriez faire de même.

Il existe toutes sortes d'autres résidus comportementaux. Ainsi les sacs qui affichent le nom de boutiques, de marchands ou de marques indiquent où les gens ont fait leurs emplettes. Certains sacs servent même à accumuler du capital social. C'est le cas de ceux qui proviennent de boutiques comme Tiffany, Victoria's Secret, Bloomingdale. C'est d'ailleurs pourquoi les gens les réutilisent pour transporter les vêtements qu'ils mettront au centre sportif, leur repas du midi, etc.

Le fabricant de vêtements prêt-à-porter Lululemon a su tirer parti de cette habitude. Plutôt que de fabriquer des sacs en papier, il les a faits dans une matière plastique résistante. Manifestement, ces sacs sont faits pour durer et être réutilisés. Et c'est ce que les clients font. Ils s'en servent pour transporter toutes sortes de choses, et par le fait même, contribuent à l'approbation sociale de la marque.

Les cadeaux-souvenirs sont une autre forme de résidus comportementaux. Ils sont légions dans n'importe quelle conférence ou foire commerciale où les participants tiennent des stands. Les tasses rivalisent de popularité avec les stylos, les t-shirts, etc. Il y a quelques années, j'ai même reçu une cravate de la Wharton School.

Mais certains cadeaux sont des résidus comportementaux plus efficaces que d'autres. C'est le cas des tasses et des sacs de sport, par exemple, qui sont beaucoup plus visibles qu'une pochette à maquillage qui sert habituellement dans le secret de la salle de bain.

Les opinions que les gens affichent en ligne sont une autre forme de résidu comportemental. Les critiques, blogues, posts, etc. laissent des traces que tout un chacun peut consulter. On comprend donc pourquoi de nombreux organismes et entreprises encouragent les internautes à dire qu'ils apprécient leurs produits, services, contenu sur Facebook («J'aime»). D'un simple clic, les gens recommandent publiquement un produit ou un concept, ou indiquent qu'il vaut la peine qu'on s'y intéresse. Les responsables du réseau de télévision américain ABC ont d'ailleurs constaté que l'ajout du bouton «J'aime» sur la page Facebook de l'émission *ABC News* a augmenté de 250 % son taux de consultation[127].

Dans la même veine, l'application Spotify va encore plus loin. Non seulement elle permet à n'importe quel internaute d'écouter de la musique en ligne, mais elle affiche sur sa page Facebook la chanson qu'il est en train d'écouter. Les amis de cette personne sont alors informés de ses préférences mais aussi de l'existence de l'application.

Devant tant d'exemples où la publicisation du privé s'est avérée pertinente, on aurait tendance à croire qu'on a toujours intérêt à favoriser la visibilité. Mais ce n'est pas le cas.

L'IMPORTANCE DE GARDER LE PRIVÉ *PRIVÉ*

Une jolie jeune fille pleine d'allant dévale l'escalier d'un immeuble. On pourrait croire qu'elle se rend au travail ou qu'elle va rejoindre des amis. Soudain, par une porte entrebâillée une voix murmure: «J'ai du bon shit pour toi». Le jeune fille se renfrogne, refuse et accélère le pas.

Dehors, un jeune garçon au teint frais et aux cheveux coupés au bol semble absorbé par son jeu vidéo. Quelqu'un qu'on ne voit pas lui offre de la cocaïne. «Non, merci», répond-il.

Adossé à un mur, un jeune homme mâche de la gomme. On lui propose des pilules de quaalude. «Pas question!» rétorque-t-il, l'air furieux.

Ce sont là les publicités de l'une des campagnes antidrogues les plus célèbres de tous les temps. Diffusée dans les années 1980 et 1990, et mise sur pied par Nancy Reagan à l'époque où elle était la Première Dame des États-Unis, cette campagne visait à dissuader les jeunes de consommer occasionnellement de la drogue.

Le raisonnement sous-jacent était simple. Tôt ou tard, les jeunes se verraient offrir de la drogue par leurs amis ou des étrangers, et ils devaient apprendre à dire non (d'où le titre de la campagne: «Just Say No»). Le gouvernement dépensa donc des millions de dollars en messages d'intérêt public en espérant que ceux-ci enseigneraient aux jeunes à réagir adéquatement dans ces situations, et compta que le taux de consommation de drogue diminuerait.

Cette idée a d'ailleurs servi de fondement à des campagnes plus récentes. Entre 1998 et 2004, le Congrès américain a investi un milliard de dollars dans une campagne antidrogue afin d'enseigner aux jeunes de 12 à 18 ans à refuser de prendre de la drogue.

Le professeur de communication Bob Hornik a mené une étude pour vérifier l'efficacité de ces messages d'intérêt public[128]. Pour ce faire, il s'est penché sur les habitudes de consommation de drogue des adolescents durant la campagne antidrogue. Notamment, il a demandé à ses sujets s'ils avaient vu les messages et s'ils avaient déjà fumé de la marijuana. Puis, il a examiné l'évolution de leur consommation de marijuana.

Non seulement, les adolescents n'avaient pas moins fumé de marijuana, ils en avaient fumé *davantage*. En réalité, les adolescents de 12 à 18 ans qui avaient vu les messages étaient *plus* susceptibles de fumer de la marijuana. Pourquoi?

Parce que ces messages avaient publicisé la consommation de drogue.

Ici, tout est une question de visibilité et d'approbation sociale. Avant d'être exposés à la campagne antidrogue, certains jeunes n'avaient jamais pensé à consommer de la drogue. D'autres y avaient peut-être pensé, mais s'en étaient abstenus.

Or, dans la plupart des cas, les campagnes antidrogue disent deux choses à la fois : (1) consommer de la drogue est mal et (2) beaucoup de gens en consomment. Et comme nous en avons discuté tout au long de ce chapitre, plus on voit les autres se comporter de telle ou telle façon, plus on a tendance à penser qu'ils sont dans le vrai ou dans la norme, et qu'on devrait en faire autant.

Mettez-vous dans la peau d'un jeune de 15 ans qui n'a jamais pensé à prendre de la drogue. Vous regardez tranquillement la télévision lorsqu'un message d'intérêt public vient vous parler des dangers de la drogue. Puisqu'un jour ou l'autre on vous en proposera, vous devez vous préparer à refuser. Mais le pire dans tout cela c'est que ce sont les plus cool du quartier qui vous en proposeront.

Jamais on ne vous a dit que vous deviez éviter de vous faire renverser par un autobus ou de vous blesser en utilisant une scie. Si le gouvernement consacre autant de temps et d'argent à vous parler de la drogue, c'est que plusieurs de vos semblables en prennent, non ? Et parmi eux, les plus cool de l'école. Et vous ne le saviez pas !

Comme Hornik le souligne :

Selon notre hypothèse de base, plus les jeunes voient ces messages d'intérêt public, plus ils en viennent à croire que beaucoup d'autres jeunes consomment de la marijuana. Et plus ils croient que les autres consomment de la marijuana, plus ils aimeraient en consommer eux-mêmes.

Si elle n'est pas utilisée prudemment, la publicisation peut avoir de tels effets indésirables. En réalité, si on veut que les gens *s'abstiennent* de faire quelque chose, il ne faut pas leur dire que beaucoup de leurs semblables le font.

L'association américaine des producteurs de disques croyait pouvoir faire cesser les téléchargements illégaux en signalant l'importance du problème à la population. Ainsi, en consultant le site de la Recording Industry Association of America, on apprend que les Américains n'ont payé que pour 37 % de la musique qu'ils consomment et qu'environ 30 milliards de chansons ont été téléchargées illégalement[129].

Or, je ne suis pas sûr que ce message ait produit l'effet recherché. Il pourrait bien avoir eu l'effet inverse. Moins de la moitié des gens paient pour écouter de la musique ? Waouh ! Faudrait être idiot pour payer dans ce cas.

Même dans les situations où la plupart des gens agissent correctement, le simple fait de parler d'une minorité qui ne le fait pas peut encourager les autres à céder à la tentation.

Pour empêcher les gens d'adopter un comportement, il faut le rendre *moins* visible, notamment en soulignant ce qu'il *faut* faire.

Le psychologue Bob Cialdini et ses collègues ont étudié l'efficacité de diverses stratégies visant à réduire le nombre de vols de morceaux de bois pétrifié dans le Petrified Forest National Park de l'Arizona[130]. Ils ont donc installé différentes affiches dans le parc. « Veuillez vous abstenir de prendre des morceaux de bois pétrifié, disait l'une d'elles, car l'état naturel de la forêt a été altéré en raison des nombreux vols qui ont eu lieu dans le passé. » Résultat, le nombre de vols a pratiquement doublé! Le message était ni plus ni moins la preuve sociale que les autres volaient.

Dans un autre secteur du parc, une autre affiche disait : «Veuillez vous abstenir de prendre des morceaux de bois pétrifié afin de préserver l'état naturel de la forêt». Le fait de souligner le comportement souhaitable s'est avéré beaucoup plus efficace. C'est d'ailleurs ainsi que le parc a réussi à réduire le nombre de vols.

L'essentiel

Apparemment quand les gens sont libres d'agir à leur guise, ils s'imitent les uns les autres. On observe les autres pour savoir ce qu'il convient de faire dans telle et telle situation, à la recherche d'une preuve sociale qui façonne tout, depuis les produits qu'on consomme jusqu'aux candidats pour lesquels on vote.

Mais comme nous en avons discuté, les gens ne peuvent imiter que ce qu'ils voient. Pour qu'un produit ou un concept devienne populaire, il faut qu'il soit visible. C'est pour cette raison qu'Apple a renversé son logo et que, pour attirer l'attention sur la recherche sur le cancer, des hommes ont remis la moustache au goût du jour.

À l'instar d'Apple et de Hotmail, on a donc intérêt à concevoir des produits qui font leur propre publicité. À l'instar de Lululemon et de Livestrong, il faut créer des résidus comportementaux, soit des signes qui persistent même après la consommation du produit ou l'adhésion à l'idée. Bref, il faut publiciser le privé. Si quelque chose se voit, il a plus de chance de se propager.

CHAPITRE 5

LA VALEUR PRATIQUE

Si vous deviez embaucher un créateur de vidéo virale, Ken Craig, 86 ans, ne serait probablement pas votre premier choix[131]. La plupart des vidéos virales sont produites par des ados pour des ados : folles cascades sur moto, montages d'extraits de dessins animés sur de la musique rap, etc. Ken est pourtant à l'origine d'une vidéo virale affichée sur YouTube et portant sur... l'épluchage des épis de maïs.

Ken est né sur une ferme en Oklahoma. Ses parents gagnaient leur vie grâce à la culture du coton. Et pour nourrir leurs six enfants, ils cultivaient également un potager dont une section était consacrée au maïs. Ken en mange depuis les années 1920. Il le mange à la casserole, en soupe, en salade et frit. Mais il aime surtout le manger en épi.

Si vous avez déjà mangé du maïs en épi, vous savez que cela comporte deux problèmes. D'abord, les grains se coincent souvent entre les dents. Ensuite, peu importe comment on s'y prend pour peler les épis, on ne réussit jamais à se débarrasser complètement de ces espèces de longs filaments, qu'on appelle la soie. On parvient à retirer les feuilles qui couvrent les épis en tirant vigoureusement, mais il y a toujours d'ennuyeux brins de soie qui semblent vouloir rester là pour de bon.

C'est là qu'intervient Ken.

Il y a quelques années, sa belle-fille, qui était en train de lui préparer à dîner, lui demanda s'il voulait bien éplucher les épis de maïs pour les faire cuire. « D'accord, dit Ken. Je vais en profiter pour te montrer un truc. »

Il plaça les épis de maïs non pelés dans le four micro-ondes et les fit chauffer à raison de 4 minutes par épi. Ensuite, il trancha la base d'un épi (en enlevant environ 1 cm), agrippa les feuilles à l'autre extrémité, donna quelques secousses et le fit sortir, sans qu'aucune soie n'y adhère.

Sa belle-fille était tellement impressionnée qu'elle décida de revenir le lendemain pour le filmer. Elle voulait envoyer la vidéo à sa fille qui enseignait l'anglais en Corée. Pour se simplifier la vie, elle l'afficha sur YouTube, et envoya aussi le lien à quelques amis, qui l'envoyèrent eux-mêmes à d'autres amis et ainsi de suite. En quelque temps, la vidéo de Ken en train de faire une démonstration du parfait épluchage d'épis de maïs fit l'objet de 5 millions de visionnements.

Contrairement à la plupart des vidéos virales qui intéressent surtout les jeunes, celle de Ken atteignit des sommets au palmarès des clips consultés par les gens de 55 ans et plus. En réalité, elle se serait encore plus propagée s'il y avait eu plus d'adeptes d'Internet chez les aînés.

Pourquoi les gens se sont-ils échangé cette vidéo ? Pour répondre à cette question, je devrai d'abord faire une parenthèse.

Il y a quelques années, mon frère et moi avons décidé d'aller faire une randonnée dans les montagnes de la Caroline du Nord. Il terminait une difficile année d'études en médecine, tandis que j'avais besoin de faire une pause du travail. Nous nous sommes donné rendez-vous à l'aéroport de Raleigh-Durham, et nous avons pris la route en direction de la chaîne de montagnes Blue Ridge, située à l'extrémité ouest de l'État. De bonne heure le lendemain matin, nous nous sommes engagés sur un sentier sinueux qui longeait la crête de la montagne et nous menait vers le sommet d'un majestueux plateau.

Les gens font de la randonnée principalement pour échapper à la trépidation de la vie urbaine et se rapprocher de la nature où il n'y a ni panneaux d'affichage, ni circulation, ni publicité. Juste la nature. Et pourtant...

À un détour du sentier, mon frère et moi sommes tombés sur un groupe de randonneurs qui nous précédaient. Nous les avons suivis pendant quelques minutes et, comme je suis curieux, j'ai tendu l'oreille pour écouter leur conversation. Je croyais qu'ils parleraient du temps magnifique qu'il faisait ou de la longue descente que nous venions d'effectuer.

Pas du tout. Ils parlaient d'aspirateurs.

Ils discutaient à savoir si un modèle en particulier valait son prix exorbitant et si un autre modèle, moins cher, ne faisait pas aussi bien l'affaire. Des aspirateurs? Ces randonneurs auraient pu parler de milliers d'autres sujets: où arrêter pour casser la croûte, le torrent de 2 m que nous venions de dépasser, la politique, etc. Mais non, ils parlaient d'aspirateurs.

Les principes que nous avons abordés jusqu'à maintenant dans ce livre ne nous aident certainement pas à comprendre pourquoi mes randonneurs parlaient d'aspirateurs en pleine nature. Ils n'étaient pas en train de se faire du capital social, car ils ne discutaient pas de quelque chose de particulièrement remarquable. Ils étaient calmes, aucune émotion ne colorait leur discours. Et dans cette forêt, il n'y avait certainement aucun déclencheur qui leur aurait rappelé l'existence d'aspirateurs. Dès lors, qu'est-ce qui les incitait à en parler?

La réponse est simple. Les gens aiment se transmettre de l'information qui a une valeur pratique, qui est utile.

Certains diront que c'est évident, mais ce n'en est pas moins important. Lorsqu'on demanda à l'écrivain William F. Buckley quel livre il emporterait sur une île déserte s'il ne devait en choisir qu'un seul, il répondit aussitôt: « Un livre sur la construction de bateaux. »

Ce qui est utile est important.

De plus, comme les exemples de Ken et de mes randonneurs le démontrent, les gens ne font pas qu'apprécier l'information pratique, ils la diffusent. Donner des renseignements ayant une valeur pratique contribue à la popularité.

On transmet à ses semblables de l'information de nature pratique pour les aider, leur permettre de gagner du temps, leur faire réaliser des économies.

C'est une forme moderne d'entraide. Aux 18ᵉ et 19ᵉ siècles, les villageois se mettaient à plusieurs pour construire une grange pour un des leurs, car c'était un bâtiment coûteux à ériger par une seule famille. Tôt ou tard, celle-ci rendait la pareille à un voisin.

De nos jours, on a moins d'occasions de faire preuve d'une telle solidarité. L'embauche d'ouvriers a remplacé le travail communautaire. Dans les villes et les banlieues, c'est à peine si on connaît ses voisins. Et à cause du travail ou des études, les gens habitent souvent loin de leur famille et n'ont pas autant d'occasions d'entretenir leurs liens affectifs les plus forts.

Mais la transmission d'information utile est un moyen rapide et facile d'aider et de renforcer les liens sociaux et affectifs. Même à des centaines de kilomètres de distance, les parents peuvent donner des conseils à leurs enfants. Et en envoyant une recette à un de vos amis qui adore faire la cuisine, vous lui montrerez que ses intérêts vous tiennent à cœur.

Lorsqu'une personne transmet de l'information remarquable, elle est pratiquement la seule à en profiter, car elle est la seule à accumuler du capital social. Si, en revanche, elle transmet de l'information strictement utile, elle en fait profiter son interlocuteur d'abord et avant tout. Elle l'aide à gagner du temps, à réaliser des économies, à vivre une bonne expérience. Bien entendu, elle en tire également quelque avantage, car en l'aidant elle fait bonne figure, ce qui lui procure un minimum de capital social. Mais essentiellement, donner de l'information pratique est un geste altruiste. Nous avons conclu le chapitre sur l'émotion en disant que lorsqu'on ressent une émotion on en parle. Eh bien, l'inverse est aussi vrai, lorsqu'on transmet une information, on fait passer de l'émotion.

La transmission d'information de nature pratique est l'équivalent de la prestation de conseils. On parle des meilleurs programmes de retraite, des politiciens qui équilibreront le budget, des médicaments qui traitent le rhume, des légumes qui contiennent le plus haut taux de bêtacarotène. Réfléchissez à la dernière fois où vous avez pris une décision pour laquelle vous deviez collecter et trier une importante somme d'informations. Vous avez probablement demandé conseil à une ou deux personnes, qui vous ont probablement donné leur opinion ou envoyé un lien à un site Web qui vous a aidé.

Mais quel type de contenu possède suffisamment de valeur pratique pour être propagé?

UNE STRICTE QUESTION DE CHIFFRES?

Pour beaucoup de gens, une information qui est de nature pratique est une information qui leur fera réaliser des économies. Et une personne qui a le sentiment d'avoir fait une bonne affaire ne peut s'empêcher d'en parler à son entourage. C'est d'ailleurs ce qui explique la popularité de sites Web comme Groupon, qui offrent des rabais sur toutes sortes de produits et services.

Dès lors, qu'est-ce qu'une bonne affaire?

À première vue, la principale caractéristique d'une bonne affaire est l'importance de l'économie qu'elle permet de réaliser. Il vaut mieux payer 100 $ de moins que 10 $ de moins. Ça coule de source. Mais en réalité, ce n'est pas si simple. Pour vous en convaincre, je vous invite à vous soumettre à l'exercice suivant.

Scénario A: Vous êtes à la recherche d'un barbecue. Vous entrez dans un magasin où vous en trouvez un de bonne qualité qui vous convient, un Weber Q 320. Et ce qui n'a rien pour vous déplaire, il est en solde. Il coûtait 350 $ à l'origine, mais il a été réduit à 250 $.

Que feriez-vous? Achèteriez-vous cet article sur-le-champ ou iriez-vous ailleurs pour chercher à faire une meilleure affaire? Pensez-y bien.

Scénario B: Vous êtes à la recherche d'un barbecue. Vous entrez dans un magasin où vous en trouvez un de bonne qualité qui vous convient, un Weber Q 320. Et ce qui n'a rien pour vous déplaire, il est en solde. Il coûtait 255 $ à l'origine, mais il a été réduit à 240 $.

Que feriez-vous? Achèteriez-vous cet article sur-le-champ ou iriez-vous ailleurs pour chercher à faire une meilleure affaire? Pensez-y bien.

Si vous êtes comme la plupart des gens, vous jugez probablement qu'un rabais de 100$ sur un produit qui vous plaît est une bonne affaire. Vous auriez acheté le barbecue du scénario A sur-le-champ, sans chercher ailleurs.

Et probablement qu'un rabais de 15$ ne vous semble pas suffisant. Vous n'auriez pas acheté le barbecue du scénario B et vous auriez poursuivi vos recherches.

J'ai soumis une centaine de personnes à cet exercice. Les trois quarts des sujets qui ont pris connaissance du scénario A ont répondu qu'ils achèteraient le barbecue sur-le-champ sans chercher à obtenir un meilleur rabais ailleurs, ce qui a été le cas de seulement 22% des sujets qui ont pris connaissance du scénario B.

Tout cela a du sens jusqu'à ce qu'on constate que le prix du barbecue du scénario B (240$) est inférieur à celui du scénario A (250$). Pourquoi les gens ont-ils été plus enclins à payer davantage pour un produit identique?

LA PSYCHOLOGIE DES BONNES AFFAIRES

En 2002, par une froide journée de décembre, Daniel Kahneman s'avança sur la scène d'un amphithéâtre de l'Université de Stockholm. La salle était bondée. S'y trouvaient plusieurs diplomates et dignitaires suédois, de même que quelques-uns des plus grands universitaires au monde. Kahneman s'apprêtait à donner un discours sur la rationalité limitée, une nouvelle théorie sur le choix et le jugement intuitifs. Ce n'était pas la première fois qu'il traitait du sujet devant un auditoire de scientifiques, mais cette fois, les circonstances étaient assez différentes. Kahneman était à Stockholm pour recevoir le prix Nobel d'économie.

Le prix Nobel est l'une des récompenses les plus prestigieuses remises aux chercheurs qui contribuent à l'avancement des connaissances au sein de leur discipline. Albert Einstein a reçu le prix Nobel pour ses travaux en physique théorique. Watson et Crick ont reçu le prix Nobel pour leurs travaux sur la structure de l'ADN. En économie, on remet le prix Nobel à un scientifique dont les recherches influencent grandement la pensée économique.

Or, Kahneman n'est pas un économiste. Il est psychologue.

Kahneman a été récompensé pour un travail sur la théorie prospective qu'il a effectué en collaboration avec Amos Tversky[132]. En fait, Kahneman et Tversky, de même que Richard Thaler, sont considérés comme les pionniers de ce qu'on appelle maintenant l'économie comportementale.

Bien qu'elle soit extrêmement riche, la théorie prospective s'articule autour d'une idée assez simple : la prise de décision contrevient souvent aux principes économiques de base qui déterminent la façon dont on *devrait* prendre des décisions. Ces décisions et les jugements dont elles découlent ne sont pas toujours rationnels ou optimaux. Ils sont plutôt affaire de perception. Nous explorerons cette idée en examinant de plus près deux concepts importants de la théorie prospective : l'évaluation relative et la sensibilité décroissante.

L'évaluation relative

Selon la théorie prospective, on n'évalue pas les choses en termes absolus, mais plutôt en fonction d'une norme, d'un point de référence. Débourser 50 ¢ pour un café paraîtra justifié (ou non) selon les attentes qu'on a. Si on vit à New York, on trouvera que ce n'est pas cher payé. Il y a même des chances qu'on en parle à son entourage comme d'une véritable aubaine.

Par contre, si on vit dans la campagne indienne, payer 50 ¢ pour un café paraîtra exorbitant. Dans ce cas, il y a des chances qu'on en parle à son entourage pour s'indigner.

Si vous allez dans les magasins ou au cinéma avec une personne âgée de 70 ou 80 ans, il est fort probable qu'elle se plaindra des prix, les jugeant beaucoup trop élevés. « C'est une véritable arnaque ! » s'exclamera-t-elle.

Les gens plus âgés réagissent ainsi non pas parce qu'ils sont particulièrement près de leurs sous, mais bien parce qu'ils ont d'autres points de référence. Ils ont vécu à une époque où ils pouvaient aller au cinéma pour 40 ¢ et acheter de la viande à 2 $ le kilo, du dentifrice à 29 ¢ et des serviettes de papier à 10 ¢. Il est donc difficile pour eux de considérer que les prix actuels sont justes.

La notion de point de référence contribue à expliquer les résultats de mon petit test sur le barbecue. Le prix que les gens s'attendent à payer pour un produit leur sert de point de référence. Le barbecue dont le prix est passé de 350 $ à 250 $ paraissait meilleur marché que celui dont le prix est passé de 255 $ à 240 $ même s'il s'agissait du même produit. Le fait d'établir un point de référence supérieur dans le premier cas faisait paraître le solde plus intéressant même si ce n'était pas le cas.

Cette stratégie est souvent utilisée dans les infopublicités :

> *Les fantastiques couteaux Lame Miracle sont indestructibles ! Vous pouvez les utiliser pour trancher un ananas, une cannette de boisson gazeuse ou même une pièce de monnaie ! Vous vous attendriez à payer 100 $ ou même 200 $ pour un ensemble de couteaux de cette qualité. Eh bien en ce moment, vous pouvez l'obtenir pour seulement 39,99 $!*

Ça vous dit quelque chose ? Cette technique donne l'impression que l'offre est exceptionnelle. La mention d'un prix probable pour un produit établit un point de référence afin que le véritable prix demandé ait l'air d'une occasion en or.

C'est d'ailleurs pourquoi les prix réguliers ou les prix de détail suggérés par les fabricants sont indiqués sur les produits en solde dans les magasins. Les marchands comptent sur le fait que les consommateurs les utiliseront comme points de référence et trouveront les soldes plus attrayants. Et les clients sont tellement obsédés par leur désir de réaliser une bonne affaire qu'ils finissent parfois par payer plus cher, comme dans le cas du barbecue.

La quantité est un autre point de référence. Revenons à notre infopublicité :

> *Mais ce n'est pas tout ! Si vous commandez un ensemble de couteaux maintenant, nous vous en offrirons un second sans frais supplémentaires !*

Vous avez bien compris! Et nous ajouterons même cet aiguisoir à couteaux à votre commande sans que vous ayez à payer un sou de plus!

Jusque-là, le consommateur s'attendait à payer 39,99 $ pour *un* ensemble de couteaux, mais pour le même prix, il en obtient un second en plus d'un aiguisoir. Il a l'impression non seulement de payer moins que prévu (grâce au premier point de référence établi par le vendeur), mais de conclure un bien meilleur marché puisqu'il recevra plus de marchandise que prévu.

Spécialistes de la science du marketing, les chercheurs Eric Anderson et Duncan Simester ont exploré le concept d'évaluation relative en tentant de mesurer l'effet des soldes chez les consommateurs. Pour ce faire, ils ont donc fait équipe avec une entreprise américaine de vente de vêtements par catalogue. Généralement, cette entreprise n'offrait pas d'articles en solde, sauf à certaines périodes. Comme on peut s'y attendre, cela faisait augmenter ses ventes.

Anderson et Simester ont supposé que l'idée de solde était assez incitative dans l'esprit des consommateurs pour que le seul fait d'annoncer un produit en solde amène ceux-ci à acheter davantage.

Pour vérifier cette hypothèse, ils ont créé deux versions du même catalogue qu'ils ont postées respectivement à plus de 50 000 personnes. Dans la première version, on annonçait que les robes étaient en « Solde pré-saison », tandis que dans la seconde version, aucune robe n'était en solde.

Résultat, l'annonce du solde a fait augmenter de plus de 50 % les ventes des robes du premier catalogue.

Or, les robes étaient vendues au même prix dans les deux versions du catalogue. La simple mention du mot « solde » a fait augmenter les ventes *même si les prix n'avaient pas été réduits*[133].

La sensibilité décroissante

Supposons que vous voulez vous procurer un nouveau radio-réveil[134]. Vous en trouvez un en magasin au prix de 35 $. Or, le vendeur vous informe que le même article est disponible pour seulement 25 $ dans une autre succursale, qui se trouve à 20 minutes en voiture.

Que ferez-vous? Achèterez-vous le radio-réveil sur-le-champ ou est-ce que vous vous rendrez à l'autre succursale?

Si vous êtes comme la plupart des gens, vous irez probablement à l'autre magasin. Ça ne vous prendra pas beaucoup de temps et vous réaliserez 30 % d'économies. Cela semble évident.

Maintenant, supposons que vous voulez vous procurer un nouveau téléviseur. Vous en trouvez un en magasin au prix de 650 $. Or, le vendeur vous informe que le même article est disponible pour seulement 640 $ dans une autre succursale, qui se trouve à 20 minutes en voiture.

Que ferez-vous dans *cette* situation? Ferez-vous le trajet en voiture pour économiser 10 $ sur un téléviseur?

Si vous êtes comme la plupart des gens, vous n'irez probablement pas à l'autre magasin. Pourquoi faire tout ce trajet pour ne payer que quelques dollars de moins sur un téléviseur? Il vous en coûtera autant en essence.

De fait, 87 % des sujets à qui j'ai fait passer ce test ont dit qu'ils achèteraient le téléviseur au premier magasin, tandis que seulement 17 % achèteraient le radio-réveil au premier magasin.

Pourtant les deux options présentent les mêmes avantages et les mêmes inconvénients. Dans les deux cas, on économise 10 $ et il faut faire un trajet de 20 minutes en voiture.

Pourquoi les gens ne sont-ils pas prêts à se déplacer dans les deux cas?

À cause de la sensibilité décroissante. Ce concept veut qu'un même changement ait un impact de plus en plus faible à mesure qu'on s'éloigne d'un point de référence donné. Voici un exemple. Supposons que vous participez à une loterie organisée par l'école de votre enfant. Vous courez la chance de gagner soit un lot de 10 $ soit un lot de 20 $. À votre plus grand étonnement, vous gagnez 10 $. Vous êtes plutôt content, car vous ne pensiez pas gagner quoi que ce soit.

Maintenant, supposons que vous gagnez 20 $ plutôt que 10 $. Vous êtes encore plus content. Ce n'est pas un gain extraordinaire, mais gagner 20 $ est beaucoup plus satisfaisant que gagner 10 $.

Supposons enfin que ce n'est pas 10 $ ou 20 $ que vous avez la chance de gagner, mais plutôt 110 $ ou 120 $, ou encore 1 010 $ ou 1 020 $. Soudain la différence de 10 $ n'est plus aussi importante. Que vous gagniez 1 010 $ ou 1 020 $ ne ferait sans doute aucune différence pour vous.

Autrement dit, le même changement – dans ce cas, gagner 10 $ de plus a un impact de plus en plus faible à mesure qu'on s'éloigne de son point de référence – dans ce cas, 0 $, soit l'absence de gain.

Le concept de sensibilité décroissante contribue donc à expliquer pourquoi les gens sont plus enclins à faire un trajet de 20 minutes en voiture pour réaliser une économie de 10 $ sur un radio-réveil qui coûte 35 $ que sur un téléviseur qui en coûte 650 $.

LA PERCEPTION DU CARACTÈRE EXCEPTIONNEL DE LA VALEUR

Pour que les gens parlent des bonnes affaires qu'ils ont conclues, celles-ci doivent être ou paraître exceptionnelles. En effet, s'ils ameutaient leur entourage chaque fois qu'ils profitent d'un rabais de 10 ¢ sur une boîte de soupe à l'épicerie, ils n'auraient bientôt plus d'amis. Comme nous en avons discuté dans le chapitre sur le capital social, la «remarquabilité» d'un produit est l'une des conditions du bouche à oreille. Il en va de même de la valeur d'un produit ou d'une offre promotionnelle: pour qu'on en parle, elle doit être perçue comme sortant du lot des promotions ordinaires dont on est constamment bombardé.

La perception du caractère exceptionnel de la valeur repose sur différents facteurs. Le premier est l'attente des consommateurs. Ceux-ci parleront davantage des offres promotionnelles qui les surprennent ou qui dépassent leurs attentes. La surprise peut être causée soit par l'importance du rabais, soit par la façon dont la promotion est construite.

La disponibilité est le deuxième facteur. Étrangement, les promotions plus restrictives sont souvent plus efficaces. Comme nous l'avons vu, avec les exemples de Please Don't Tell et de Rue La La, la rareté et l'exclusivité des produits leur confèrent plus de valeur (apparente).

La fréquence influence également la perception du caractère exceptionnel de la valeur. Si les articles d'un magasin sont continuellement en solde, les consommateurs adapteront leurs attentes. Leur point de référence ne sera plus le prix normal, mais bien le prix de liquidation. Chez certains marchands de tapis, les prix sont apparemment continuellement réduits de 70 %. Dans ce cas, le solde devient la norme et n'est plus perçu comme une bonne affaire. De même, il semble que la mise en solde d'une sélection d'articles dans un magasin soit plus efficace qu'un solde général pour faire augmenter les ventes[135].

La restriction est un quatrième facteur. Une promotion offerte pour un temps limité ravive l'intérêt des consommateurs. Au même titre que la rareté, le fait qu'un solde ne durera pas éternellement incite les gens à penser que c'est une bonne affaire.

L'offre de produits en quantité limitée a le même effet. Les marchands limitent parfois le nombre d'articles en solde que les gens peuvent acheter : « un par ménage », « limite de trois par client », etc. On pourrait croire que ce genre de restrictions fera diminuer la demande. Au contraire, il rend la promotion encore plus alléchante. Tout se passe comme si les gens se disaient : « Waouh ! C'est un prix tellement avantageux que le magasin risque d'épuiser ses stocks. Il vaut mieux que je me dépêche d'en acheter ! » En fait, les études démontrent que ces restrictions font augmenter les ventes de 50 %[136].

Enfin, la restriction peut porter sur l'accès. Certains soldes sont offerts à tous. N'importe qui peut chiner au rayon des soldes de Gap ou profiter des rabais offerts à l'épicerie du coin. Mais certaines promotions sont réservées à certains clients. Les hôtels, par exemple, récompensent leurs clients les plus fidèles en leur offrant des tarifs « exclusifs ». Et certains nouveaux restaurants ouvrent d'abord leurs portes à une certaine catégorie de clients. Ces promotions personnalisées font parler d'elles non seulement parce qu'elles procurent du capital social, mais aussi parce qu'elles ont l'air plus avantageuses. Leur valeur, et du coup, leur popularité, s'en trouvent rehaussées[137].

La règle de 100

La présentation d'une offre promotionnelle influence aussi la perception de sa valeur par le consommateur. Certaines promotions sont exprimées en dollars (ou rabais absolus), tandis que les autres sont exprimées en pourcentages (ou rabais relatifs). Un article est réduit soit de 5 $, soit de 20 %. Le rabais absolu paraît-il plus ou moins avantageux que le rabais relatif?

Supposons qu'un pull de 25 $ est soldé. Qu'est-ce qui semble la meilleure affaire : une réduction de 20 % ou un rabais de 5 $?

Supposons maintenant qu'on liquide un ordinateur dont le prix régulier est de 2 000 $. Qu'est-ce qui semble la meilleure affaire : une réduction de 10 % ou un rabais de 200 $?

Selon certains chercheurs, la présentation d'une promotion – en pourcentage ou en argent – sera plus ou moins efficace en fonction de son prix de départ[138]. Les rabais exprimés en pourcentage paraissent plus importants lorsqu'ils sont appliqués à des articles à bas prix comme les livres ou les produits alimentaires. Ainsi, un rabais de 20 % sur le pull de 25 $ semble plus avantageux qu'un rabais de 5 $. En revanche, les rabais exprimés en argent paraissent plus importants lorsqu'ils sont appliqués à des produits à forts prix. Un rabais de 200 $ sur un ordinateur de 2 000 $ semble donc plus avantageux qu'un rabais de 10 %.

Pour présenter une promotion sous son meilleur jour (en argent ou en pourcentage), il suffit d'appliquer la règle de 100.

Si le prix de départ du produit offert en promotion est inférieur à 100 $, le rabais exprimé en pourcentage paraîtra plus avantageux aux yeux du consommateur. Un rabais de 3 $ sur un t-shirt de 30 $ ou un plat à 15 $ aura l'air insignifiant, tandis qu'une réduction de 10 % ou 20 % paraîtra beaucoup plus intéressante.

Si le prix de départ du produit offert en promotion est supérieur à 100 $, la règle inverse s'applique. Le rabais en argent paraîtra plus avantageux. Un rabais de 10 % sur un forfait de voyage de 750 $ ou un ordinateur de 2 000 $ paraîtra moins alléchant qu'une réduction de 75 $ ou 200 $.

Lorsque vous vous demandez si une offre promotionnelle est vraiment avantageuse ou si vous souhaitez que vos soldes aient vraiment l'air intéressant, appliquez la règle de 100. Si le prix de départ est supérieur à 100 $, pensez en termes absolus, tandis que s'il y est inférieur, pensez en termes relatifs.

L'importance de la visibilité

En Amérique du Nord, certains grands magasins d'alimentation offrent à leurs clients des cartes de fidélisation qui leur permettent de profiter de rabais et d'accumuler des points échangeables contre des cadeaux – un peu à la manière des compagnies aériennes avec leur programme de récompense. Ce type de carte est très utile, mais sa valeur pratique n'est pas très évidente. Le montant des économies qu'elle permet de réaliser figure en petits caractères, parmi de nombreuses autres données, sur une longue facture qu'on ne montre à personne. Puisque seul le propriétaire de la carte en connaît les avantages, il est peu probable que cette information devienne virale.

Pour que les consommateurs perçoivent mieux le caractère pratique d'une valeur, on a intérêt à le rendre plus visible. Afin de remédier au problème de visibilité des avantages des cartes de fidélisation, les magasins d'alimentation pourraient installer un écran indiquant aux gens qui font la queue à la caisse combien d'économies la personne devant eux a réalisées, ou encore faire sonner une cloche chaque fois qu'un client économise plus de 25 $. Les clients qui ne possèdent pas encore de cartes auraient alors une meilleure idée des avantages qu'elles peuvent leur procurer, avantages dont ils auraient d'ailleurs peut-être envie de parler à leur entourage. Comme nous en avons discuté dans le chapitre sur la visibilité, il est difficile de parler de ce qu'on ne voit pas.

LE CARACTÈRE PRATIQUE DE LA VALEUR

Je suis nul en matière de placement. Il y a trop de choix, trop de volatilité et trop de risque. J'aimerais mieux conserver mon argent dans un carton sous mon lit que de le placer dans des fonds communs hasardeux. Je me suis timidement frotté à la Bourse. J'ai choisi deux ou trois titres qui me paraissaient fiables, avec l'intention de les conserver, en évitant de spéculer.

Mais la curiosité a eu raison de moi. Chaque jour, je vérifiais frénétiquement l'évolution du cours de chaque action. L'une avait gagné un dollar? J'étais aux anges. Je perdais 35 ¢ le lendemain? J'étais complètement abattu.

Il va sans dire que j'avais besoin d'aide. Quand est venu le temps de déposer de l'argent dans mon 401(k)*, j'ai opté pour des fonds indiciels sûrs.

Peu de temps après, Vanguard, la firme qui gère mon régime d'épargne-retraite m'a demandé par courriel si je souhaitais recevoir son bulletin d'information, *MoneyWhys*. Comme la plupart des gens, j'évite de m'abonner à toutes sortes de listes de distribution, mais ce bulletin m'apparaissait utile. Il contenait des conseils fiscaux de dernière minute, une foire aux questions sur le placement et même une réflexion sur un sujet qui nous hante depuis la nuit des temps : l'argent fait-il le bonheur? J'ai accepté.

Chaque mois, Vanguard m'envoie donc de l'information pratique sur la gestion financière. Pour être parfaitement honnête, je dois avouer que je ne lis pas tous ces courriels (mes excuses, Vanguard). Cependant, je finis toujours par envoyer ceux que je lis à des gens de ma connaissance qui, à mon avis, les trouveront utiles. Par exemple, j'ai transféré un bulletin sur l'assurance habitation à un collègue qui venait d'acheter une maison, et un autre sur le suivi des finances personnelles au moyen d'outils informatiques à un ami qui tente de respecter son budget personnel.

---

* L'équivalent américain du REER canadien.

Vanguard publie un ensemble d'informations financières dans un joli format dont la valeur pratique m'incite à le propager. Du coup, je contribue à populariser la marque Vanguard et son expertise en matière de placement.

L'utilité est donc une dimension de la valeur pratique. En transmettant de l'information utile, on aide les destinataires à faire ce qu'ils veulent ou on les encourage à faire ce qu'ils devraient faire et ce, plus facilement, plus rapidement, plus efficacement.

Comme nous l'avons mentionné dans le chapitre sur l'émotion, les reportages sur la santé et l'éducation, de même que les recettes et les critiques de restaurants sont parmi les articles les plus populaires du *New York Times*. De fait, ils diffusent de l'information utile. Les articles sur la santé suggèrent notamment des solutions pour les problèmes d'ouïe et des trucs pour raviver la mémoire. Ceux sur l'éducation présentent les programmes scolaires du secondaire et le processus d'admission dans les universités. En propageant ce type de contenu, on aide les autres à mieux vivre, manger, apprendre.

Jetez un coup d'œil aux courriels qu'on vous a envoyés ces derniers mois, et vous constaterez que dans la plupart des cas leur contenu se veut utile. Vous y trouverez des articles du *Consumer Reports** portant sur les meilleurs écrans solaires, des conseils pour récupérer rapidement après avoir fait de l'exercice, des trucs pour sculpter une citrouille à l'approche d'Halloween. Toutes ces informations *utiles* et *pratiques* sont susceptibles d'être transmises et retransmises.

Lorsqu'on envisage de diffuser de l'information de nature pratique et utile, il faut tenir compte de deux aspects importants : la présentation et les destinataires.

Le bulletin d'information de Vanguard n'est pas un long courriel décousu, avec 25 liens menant à des sites portant sur 15 sujets différents ; c'est plutôt une seule page d'information cohérente, assortie de trois ou quatre liens, le tout portant sur un seul sujet. Bon nombre d'articles

---

* L'équivalent américain du mensuel *Protégez-vous* (canadien).

viraux du *New York Times* et de sites de nouvelles sont construits sur ce modèle : cinq façons de perdre du poids, dix conseils pour faire des rencontres à la veille du Nouvel An, etc. La prochaine fois que vous ferez la queue à l'épicerie, feuilletez les magazines qui se trouvent près des caisses enregistreuses, et vous verrez que les meilleurs articles ont la même structure : une liste de conseils sur un seul sujet.

Un fabricant de cosmétiques a développé, à l'intention des gens qui se déplacent souvent, une application iPhone qui indique les conditions météorologiques de différentes destinations. Mais le plus intéressant, c'est qu'elle offre aussi des conseils sur les soins à apporter à la peau en fonction du climat d'une destination donnée. Puisque l'humidité, la pluie et la qualité de l'air ont toutes sortes d'effets sur les cheveux et la peau, ce genre d'information peut s'avérer très utile. En diffusant de l'information pratique, ce fabricant en profite pour faire la démonstration de son savoir et de son expertise.

Certaines informations rejoignent plus de destinataires que d'autres. Ainsi, aux États-Unis, on suit davantage le football que le water-polo, et on fréquente plus les restaurants typiquement américains que les restaurants éthiopiens. Dès lors, on pourrait croire qu'un article sur le football ou sur un quelconque restaurant américain sera davantage propagé qu'un article sur le water-polo ou sur un restaurant éthiopien.

Or, ce n'est pas parce que les gens *ont l'occasion* de parler de quelque chose qu'ils le feront. En réalité, les contenus plus pointus ont plus de chance d'être propagés.

Si vous êtes Américain, vous connaissez sans doute beaucoup de gens qui aiment le football ou les restaurants américains. Et pour cette raison, si vous tombez sur un article qui traite de l'un ou l'autre de ces sujets, il est peu probable que vous pensiez à le transmettre à une personne en particulier. En revanche, si vous avez un seul ami qui s'intéresse au water-polo ou qui adore les restaurants éthiopiens, et si vous tombez sur un article sur le sujet, vous penserez immédiatement à lui. Vous serez ni plus ni moins *tenu* de lui en faire part.

Certes, tout contenu de nature générale peut devenir extrêmement populaire, mais en réalité, le contenu qui n'intéresse qu'un auditoire restreint a plus de chance de devenir viral.

À PROPOS DE LA VÉRITÉ

Vous avez peut-être déjà entendu dire que les vaccins causaient l'autisme. Vous n'êtes pas le seul. En 1998, un article publié dans une revue médicale suggérait que les vaccins contre la rougeole, les oreillons et la rubéole pouvaient être à l'origine de cette maladie chez les enfants. Or, les nouvelles sur la santé, surtout lorsqu'elles concernent les enfants, se répandent rapidement. Bientôt, on n'entendit plus parler que des inconvénients potentiels des vaccins. Résultat, le taux de vaccination infantile diminua.

Tout cela serait fort utile s'il existait vraiment un lien entre les vaccins et l'autisme. Or, il n'en est rien[139]. Ce soi-disant lien n'est appuyé par aucune preuve scientifique. L'auteur de l'article à l'origine de cette fausse nouvelle avait manipulé les données, apparemment parce qu'il était en conflit d'intérêts. Après avoir été reconnu coupable de faute professionnelle, il a perdu son permis d'exercer la médecine.

Mais cela n'a pas empêché l'information de continuer de se répandre et ce, parce qu'elle possédait une grande valeur pratique.

Les gens ne voulaient certainement pas transmettre de la fausse information. Ils avaient simplement entendu parler de quelque chose d'utile et souhaitaient en faire profiter les parents de leur entourage. N'étant pas au courant de l'invalidation de l'étude, ils ont poursuivi leur bouche à oreille. De fait, notre désir de transmettre de l'information utile est tellement puissant qu'il peut contribuer à la propagation de faussetés.

La prochaine fois que quelqu'un vous parlera d'un traitement miracle ou des risques pour la santé de tel ou tel aliment ou comportement, essayez donc de vérifier la véracité de cette information avant de la répandre. Les fausses nouvelles voyagent aussi vite que la vérité.

L'essentiel

La valeur pratique concerne l'entraide d'abord et avant tout. Dans ce chapitre, nous avons examiné différents concepts qui contribuent à comprendre les dimensions de la valeur et la psychologie des bonnes affaires, mais il faut surtout retenir que les gens ont tendance à transmettre de l'information pratique parce qu'ils aiment se rendre utiles. On fait des pieds et des mains pour donner des conseils à ses proches ou de l'information qui améliorera leur sort. Bien entendu, cela participe d'une forme d'égoïsme : on pense qu'on a raison et on veut le montrer. Mais c'est aussi par altruisme qu'on le fait.

Des six principes de la contagion sociale dont il est question dans cet ouvrage, la valeur pratique est le plus facile à mettre en œuvre.

Il faut déployer beaucoup d'énergie et de créativité pour générer du capital social, et associer des déclencheurs et des émotions aux produits ou aux concepts. En revanche, il est relativement facile de découvrir leur valeur pratique, car ils en possèdent tous. Certains permettent de réaliser des économies ou de gagner du temps, d'autres rendent plus heureux, d'autres encore améliorent la santé. Ce sont là des attributs dont on parle aisément. Si vous n'êtes pas certain de la valeur pratique qui se cache derrière votre produit ou votre concept, il vous suffit de penser aux raisons qui incitent les gens à l'acheter ou à y adhérer.

Pour faire sortir votre produit ou votre concept du lot, vous devez souligner le caractère exceptionnel de sa valeur et utiliser la règle de 100. À l'instar de Vanguard, vous devez présenter votre information de manière à ce qu'elle véhicule également votre marque et votre champ d'expertise. Autrement dit, les aspects pratiques de votre produit ou de votre concept doivent être tellement évidents que les gens ne pourront faire autrement que d'en parler.

CHAPITRE 6

LE RÉCIT

La guerre faisait rage depuis dix longues années. Pour y mettre fin, Ulysse monta une ruse astucieuse. Les Grecs construisirent un cheval de bois géant à l'intérieur duquel ils dissimulèrent leurs meilleurs guerriers. Feignant de rentrer au pays, le reste de l'armée mit les voiles.

Les Troyens découvrirent le monumental cheval sur la rive, et entreprirent de le déplacer au moyen de cordes et de rondins. Une fois qu'ils l'eurent tiré à l'intérieur de l'enceinte de la cité, ils célébrèrent la fin de la guerre en décorant les temples, en déterrant les carafes de vin sacrificiel et en faisant la fête.

Mais la nuit venue, pendant que les Troyens, ivres morts, dormaient, les Grecs sortirent silencieusement de leur cachette, neutralisèrent les sentinelles et ouvrirent les portails de la cité pour y faire entrer le reste de l'armée revenue à la faveur de la nuit. Les soldats mirent peu de temps à pénétrer dans l'enceinte.

Troie, qui avait été capable de résister à dix années de siège, succomba rapidement à une attaque de l'intérieur. Les Grecs détruisirent la ville, mettant fin à la guerre une fois pour toutes.

Le mythe du cheval de Troie est connu depuis des milliers d'années. Selon les historiens et les scientifiques, la guerre aurait eu lieu autour de l'an 1170 avant notre ère et son histoire n'aurait été couchée sur papier que beaucoup plus tard[140]. Pendant des siècles, elle a fait l'objet d'un poème épique récité ou chanté que l'on s'est transmis oralement de génération en génération.

Cette histoire est une véritable téléréalité des temps anciens. Elle est remplie de détours, de machinations, de vendettas, de récits d'adultère et de trahisons. Grâce à un mélange explosif de drame, d'idylle et d'action, elle tient le lecteur en haleine.

Or, elle comporte également un message sous-jacent : il vaut mieux ne jamais faire confiance à ses ennemis même s'ils baissent pavillon. En réalité, c'est justement *au moment* où ils font preuve d'ouverture qu'il faut être prudent. Le mythe du cheval de Troie n'est donc pas qu'un récit intéressant, c'est aussi une leçon de vie.

Mais si Homère et Virgile avaient simplement voulu dispenser un enseignement, auraient-ils pu le faire plus efficacement ? Auraient-ils pu dire ce qu'ils avaient à dire sans écrire une œuvre composée de centaines de vers ?

Sans doute. Mais la leçon n'aurait probablement pas eu le même impact.

En l'intégrant dans un récit, ils ont fait en sorte qu'elle soit transmise et écoutée avec beaucoup plus d'enthousiasme que si elle avait été communiquée sobrement et simplement. Les gens pensent non pas en termes d'information, mais bien en termes de *récit*. Et pendant qu'ils se concentrent sur ce qu'on leur raconte, l'information passe quand même.

L'OMNIPRÉSENCE DU RÉCIT

Le récit est la forme de divertissement la plus ancienne qui soit. En l'an 1000 avant notre ère, il n'y avait ni internet, ni télévision, ni radio, ni journaux. S'ils voulaient se divertir, les gens se faisaient raconter des histoires : la guerre de Troie, *L'Odyssée* et d'autres célèbres légendes. Ils se réunissaient autour du feu ou dans un amphithéâtre pour entendre ou réentendre ces récits épiques.

Par sa nature, un récit est plus captivant qu'une simple information. Il a un début, un développement et une fin. Et lorsqu'on est accroché dès le début, on veut absolument connaître la suite et la conclusion. On est suspendu aux lèvres d'une personne qui raconte une bonne histoire. On veut savoir si elle a raté l'avion ou ce qu'elle a fait avec sa maison pleine d'enfants hystériques. On veut savoir comme ça va se terminer.

Bien qu'il existe des milliers de façons de se divertir de nos jours, on continue d'écouter et de raconter des histoires. On s'assoit autour de ce qui tient lieu de feu ancestral – le distributeur d'eau ou un repas – et on se rapporte les derniers événements.

On raconte des histoires pour les mêmes raisons qu'on fait du bouche à oreille : pour accumuler du capital social (en décrivant une visite au bar Please Don't Tell), pour susciter une émotion stimulante comme l'émerveillement (en décrivant le clip d'un mélangeur qui pulvérise des billes de verre), pour se rendre utile (en décrivant comment un chien s'est rendu malade en avalant tel jouet pour éviter à un autre proprié-taire de chien de vivre la même expérience).

Le récit est tellement inhérent à la condition humaine que les gens ra-content des histoires même quand rien ne les y oblige. C'est le cas no-tamment lorsqu'ils font des critiques en ligne. Ils sont censés simplement évaluer les caractéristiques des produits (par exemple, à quel point cette nouvelle caméra et son téléobjectif sont d'une aussi bonne qualité que le prétend le marchand). Mais le contenu purement informatif est sou-vent intégré dans une anecdote.

Pour souligner le huitième anniversaire de mon fils, nous avons décidé d'aller à Disney World en juillet. Il nous fallait un appareil photo numérique pour immortaliser cet événement. Sur la recommanda-tion de mon amie, nous avons acheté le modèle X. Le téléobjectif est fantastique. Même à bonne distance, nous avons pu prendre d'excel-lentes photos du château de Cendrillon.

Voilà un mini-récit là où une simple opinion ou une note aurait suffi.

Le récit comme véhicule d'information

Au même titre que le cheval de Troie, tout récit comporte plus de dimensions qu'il n'y paraît. Bien entendu, la coquille de l'histoire – appelons-la l'intrigue – capte l'attention et suscite l'intérêt. Mais au-delà de ce premier niveau se trouve habituellement une autre signification. Et plus précisément, une leçon, une morale, un message.

Prenons l'histoire des *Trois petits cochons**. Trois frères quittent le foyer familial pour tenter leur chance dans le monde. Le premier petit cochon se construit une maison de paille et le deuxième s'en construit une à partir de brindilles. Ils bâclent le travail pour pouvoir aller jouer. Le troisième petit cochon est plus discipliné. Il prend le temps qu'il faut pour se construire une maison en briques, même s'il voit ses frères s'amuser sans lui.

Un soir, ils aperçoivent un grand méchant loup rôder aux alentours, à la recherche de nourriture. Il se présente à la porte de la première maison. «Petit cochon, petit cochon, laisse-moi entrer», dit-il. Lorsque le petit cochon refuse, le loup détruit sa maison en soufflant dessus. Il fait de même avec la maison de brindilles. Mais il a beau souffler et souffler sur la troisième maison, elle résiste, car elle est en briques.

Morale de cette histoire : il vaut la peine de faire des efforts, il vaut la peine de prendre le temps de bien faire les choses. Peut-être que c'est moins amusant, mais au bout du compte, ça rapporte.

Tout conte, légende, fable comporte une leçon ou une morale. *Le garçon qui criait au loup* informe le lecteur des dangers du mensonge. *Cendrillon* montre qu'on a intérêt à être charitable. Les pièces de Shakespeare renferment de précieuses leçons sur la nature et les relations humaines, le pouvoir et la folie, l'amour et la guerre. Ce sont des leçons complexes, mais très instructives.

Les histoires plus ordinaires que l'on raconte ou que l'on entend chaque jour comportent également plusieurs dimensions. Voici, à ce titre, l'histoire du manteau de mon cousin.

---

* Version Walt Disney.

Il y a quelques années, mon cousin a quitté la Californie pour venir s'établir sur la côte Est des États-Unis. En prévision de son premier véritable hiver, il s'est procuré un chic pardessus en lainage. Ce manteau lui allait très bien, la couleur était parfaite, et il lui donnait un air très élégant, très *british,* à mon cousin.

Le seul problème : il n'était pas assez chaud. Ça pouvait aller tant que le thermomètre restait au-dessus de 10. Mais quand il faisait 0, il n'était d'aucune utilité. Mon cousin sentait alors le froid lui transpercer les os.

Après avoir passé un hiver à avoir fière allure, mais à se geler quotidiennement en se rendant au travail, mon cousin a décidé de s'acheter un vrai manteau d'hiver. En réalité, il avait des vues sur une de ces doudounes doublées en duvet qui donnent l'air de porter un sac de couchage. C'est le genre de manteau que l'on voit partout dans l'Est et le Midwest des États-Unis, mais pas en Californie. Après avoir fait quelques recherches en ligne, il a trouvé une très bonne affaire chez Lands' End* : un manteau qui le garderait au chaud même à moins de 0 degré, le vêtement parfait pour les hivers les plus froids de la côte Est.

Mon cousin était très satisfait de son manteau, qui était effectivement très chaud. Mais au milieu de la saison, la fermeture-éclair s'est brisée. Mon cousin était atterré. Il avait acheté ce vêtement seulement quelques mois auparavant et quelque chose clochait déjà. Combien lui en coûterait-il pour le faire réparer ? Et combien de temps cela prendrait-il ?

On était mi-janvier. Ce n'était pas vraiment le moment de se passer de manteau.

Il a donc téléphoné à Lands' End pour s'informer.

Il s'attendait à être fraîchement reçu. Le problème avec les gens du service à la clientèle de nos jours, c'est qu'ils ne sont jamais responsables de rien. « Je suis vraiment désolé d'apprendre que votre article est brisé (ou qu'il ne fonctionne pas comme il le devrait), ont-ils l'habitude de dire. Mais malheureusement, nous n'y pouvons rien. Ce type de bris

---

* Entreprise américaine spécialisée dans la vente de vêtements en ligne.

n'est pas couvert par la garantie (ou vous n'avez pas fait un usage anormal de l'article). Nous pouvons réparer le produit (mais il vous en coûtera deux fois son prix) ou envoyer quelqu'un le vérifier (à condition que vous restiez à la maison à l'attendre entre 9 h et 12 h un jour de semaine). Merci de faire affaire avec nous, nous vous sommes *vraiment* reconnaissants d'avoir acheté chez nous (c'est du moins ce qui figure sur le script que leur a pondu un conseiller en marketing). »

Mais à sa grande surprise, mon cousin n'a pas eu droit à ce discours chez Land's End.

« Nous ne réparerons pas votre manteau, a dit la responsable du service à la clientèle. Nous allons tout simplement vous en envoyer un nouveau par la poste.

– Et combien cela va-t-il me coûter ? a fait mon cousin nerveusement.

– C'est sans frais. Nous utiliserons un service express pour que vous l'ayez d'ici deux jours. Il fait beaucoup trop froid pour que vous vous promeniez avec un manteau qui ne s'attache pas ! »

Un produit de remplacement gratuit, expédié illico. Waouh ! C'est rarissime à une époque où « le client a toujours tort ». Et remarquable. Un service à la clientèle qui est tel qu'il est censé être. Mon cousin était tellement impressionné qu'il s'est empressé de me rapporter son expérience.

Lorsqu'on examine de plus près cette belle histoire, on constate qu'elle contient aussi beaucoup d'information utile : (1) Un pardessus de lainage est élégant, mais il ne suffit pas pour affronter les hivers rudes de la côte Est. (2) Dans une doudoune à duvet, on a l'air d'une momie, mais c'est ce que ça prend pour se garder au chaud dans cette région. (3) Lands' End vend un modèle de manteau d'hiver vraiment chaud. (4) Son service à la clientèle est exceptionnel. (5) Si un problème survient, Lands' End le règle. Voilà l'information qui apparaît en filigrane de cette histoire apparemment simple.

On retrouve d'ailleurs ce type d'information dans la plupart des histoires. Lorsqu'on rapporte comment on a évité un bouchon de circulation, on indique du coup quel chemin prendre pour éviter les embouteillages sur l'autoroute. Lorsqu'on raconte comment le teinturier a réussi à enlever la tache d'huile sur un chemisier blanc, on lui fait de la bonne publicité.

Bref, les histoires sont d'excellents véhicules d'information.

LA FIABILITÉ DU RÉCIT

Les récits aident à comprendre le monde[141]. Ils enseignent les règles et les normes d'un groupe, d'une société, d'une culture. Par exemple, ils permettent de savoir comment un bon employé doit se comporter ou ce qu'est une personne morale. À un niveau plus prosaïque, ils servent également à trouver, par exemple, un bon mécanicien qui n'a pas l'habitude d'arnaquer ses clients.

Réfléchissons aux moyens qui, outre le récit, permettraient d'obtenir ce genre d'information. On pourrait y aller par essai et erreur. Pour trouver un mécanicien compétent et honnête, il faudrait alors faire faire la même réparation au moins chez une douzaine de mécaniciens différents. Coûteux, fastidieux et chronophage.

On pourrait faire de l'observation directe. Dans ce cas, il faudrait faire copain-copain avec différents mécaniciens et les convaincre de se laisser observer pendant qu'ils font leur travail et leur comptabilité. Très peu probable.

On pourrait enfin se fier à la publicité. Or, on est toujours un peu sceptique face aux tentatives de persuasion de la publicité. Dans la plupart des cas, elle dira que tel mécanicien est compétent et que ses services sont abordables. Et pour savoir si c'est vrai, il faudra alors en faire l'expérience. Ce qui nous ramène à la méthode de l'essai et erreur.

En revanche, le récit d'une personne ayant fait affaire avec un bon mécanicien qui lui a demandé un juste prix vaut une douzaine de séances d'observation et des années d'essais et erreurs. C'est un moyen rapide, facile et intéressant d'obtenir beaucoup d'informations dont on se souviendra.

Le récit est une espèce de preuve par analogie. Je ne peux pas savoir avec certitude que je profiterai d'un excellent service à la clientèle chez Lands' End. Mais le simple fait que mon cousin, soit quelqu'un qui me ressemble, en ait fait l'expérience me laisse croire que ce pourrait bien être le cas pour moi aussi.

Par ailleurs, on est plus enclin à mettre en doute une publicité que le récit d'une expérience personnelle. On aurait de la difficulté à croire sur parole des représentants de Lands' End qui affirmeraient que leur service à la clientèle est exceptionnel, tandis qu'on n'a aucune raison de croire que mon cousin ment.

Il est plus difficile de contester la véracité d'un récit pour une autre raison. Lorsqu'on se fait raconter une histoire, on a l'esprit tellement captivé par l'évolution de celle-ci qu'on n'a pas les ressources cognitives suffisantes pour trouver de quoi être en désaccord. Bref, on est beaucoup plus susceptible d'être convaincu par un récit que par une publicité[142].

L'histoire de Jared Fogle

Subway, la chaîne américaine de restauration rapide, offre sept sandwichs contenant moins de six grammes de lipides. Voilà le genre d'information qu'on n'échange pas d'emblée avec ses collègues ou ses proches, sauf peut-être si on est en train de discuter de perte de poids ou si on y a pensé à la faveur d'un déclencheur. Mais en général, on n'a pas souvent de raisons de parler de la gamme de sandwichs faibles en matières grasses de Subway.

On va plutôt parler de Jared. Jared Fogle a perdu plus de 100 kilos en mangeant des sandwichs de Subway. De mauvaises habitudes alimentaires et un manque d'exercice avaient fait grimper le poids de ce jeune homme à peu plus de 190 kilos lorsqu'il était à l'université. Il était tellement corpulent qu'il devait choisir ses cours, non pas en fonction de la matière, mais en fonction de la largeur des sièges dans la classe.

Mais après que son camarade de chambre lui eût fait remarquer que sa santé ne s'améliorait pas, Jared décida de se prendre en mains. Il se mit à la « diète Subway ». Pratiquement chaque jour, il déjeunait d'un sub végétarien de 30 cm et dînait d'un sub à la dinde de 15 cm. Après trois mois de ce régime, il avait perdu presque 45 kilos.

Il persista et finit par troquer ses vêtements de taille 60 contre des vêtements de taille 34. Toute cette perte de poids, il la devait à Subway[143].

L'histoire de Jared est tellement intéressante qu'on la raconte même si on ne parle pas de perte de poids. Le nombre de kilos qu'il a perdus est impressionnant, mais pas autant que le fait que cela soit dû aux sandwichs de Subway. Le simple fait de mentionner qu'une personne a perdu près de 100 kilos en mangeant dans une chaîne de restauration rapide suffit à captiver son auditoire.

Les gens se racontent cette histoire, car elle réunit plusieurs des aspects dont nous avons traité dans les chapitres précédents. Elle est remarquable (capital social), elle évoque le plus grand étonnement (émotion), elle fournit de l'information utile sur la restauration rapide santé (valeur pratique).

Ce n'est pas parce qu'on veut aider Subway qu'on raconte l'histoire de Jared, mais l'entreprise en profite quand même, car elle est partie intégrante du récit. En effet, lorsqu'on se fait raconter cette histoire, on apprend en même temps (1) que tout en étant apparemment un établissement de restauration rapide, Subway offre plusieurs mets santé, (2) que ceux-ci peuvent contribuer à la perte de poids, (3) de beaucoup de poids, en réalité. (4) De plus, les sandwichs de Subway doivent être assez savoureux puisqu'il existe une personne qui n'a mangé pratiquement que cela pendant trois mois, sans s'en lasser. Voilà ce qu'on apprend sur Subway en écoutant l'histoire de Jared.

C'est là le pouvoir magique des histoires. *Elles permettent de transmettre de l'information sous le couvert du bavardage.*

LA NÉCESSITÉ DU CHEVAL DE TROIE

Les histoires permettent aux gens de parler facilement des produits et des concepts sans en avoir l'air, ou plus précisément sans avoir l'air de faire de la publicité. Subway a beau offrir des sandwichs faibles en matières grasses et Lands' End un service à la clientèle exceptionnel, il faut avoir une raison d'en parler. Cette raison, ce peut être une bonne histoire.

Une bonne histoire, c'est un cheval de Troie, un récit porteur que les gens raconteront tout en parlant d'un produit ou d'un concept. En voici un excellent exemple.

Tim Piper n'a pas de sœur. Et, petit, il a fréquenté une école pour garçons. Il n'a donc jamais compris pourquoi toutes ses petites amies s'en faisaient autant pour leur apparence. L'une trouvait ses cheveux trop lisses, l'autre ses yeux trop clairs, une autre encore son teint brouillé. Piper, lui, les trouvait toutes mignonnes.

Après avoir mené des entretiens avec des douzaines de jeunes femmes, il a compris que les médias étaient à blâmer. Notamment, la publicité a toujours dit aux femmes qu'il y avait quelque chose qui clochait chez elles, qu'elles avaient besoin de réparation. Et à force de se faire bombarder de tels messages, elles ont fini par y croire.

Piper s'est mis à réfléchir à ce qui aiderait les femmes à comprendre que ces publicités étaient factices, que les images qu'on leur montrait ne reflétaient pas la réalité.

Un soir que sa petite amie de l'époque était en train de se maquiller avant de sortir, il a eu un flash. Il fallait absolument que les femmes voient à quoi ressemblaient les mannequins *avant* d'être maquillées, coiffées, et retouchées par Photoshop pour avoir l'air « parfaites ».

Il a donc tourné un court métrage intitulé *Evolution*.

Stéphanie, la vedette du film, fixe la caméra. Bien que mignonne, elle n'a pas le genre de beauté que l'on remarquerait au milieu d'une foule. Elle a les cheveux blond châtain, assez droits, coupés en dégradé. Elle a une jolie peau, mais son teint n'est pas parfait. Elle pourrait être une voisine, une amie, une parente.

Elle hoche la tête pour indiquer à l'équipe qu'elle est prête.

Une lumière vive l'éclaire, et la transformation commence. Les maquilleurs lui soulignent le regard, lui éclaircissent les lèvres, lui appliquent du fond de teint et de la poudre pour colorer ses joues, lui brossent les sourcils et lui allongent les cils. Un coiffeur lui boucle et lui arrange les cheveux.

Arrive le photographe. Il prend des douzaines de photos. Des ventilateurs ébouriffent joliment les cheveux de Stéphanie. Elle prend la pose, tour à tour, souriante et provocante. Enfin, le photographe choisit un cliché qui le satisfait.

Mais c'est loin d'être fini. On passe maintenant à l'étape Photoshop. L'image de Stéphanie apparaît à l'écran d'un ordinateur et se transforme sous nos yeux. Entre autres modifications, ses lèvres sont gonflées, son cou est aminci et allongé, et ses yeux sont agrandis. On a maintenant affaire à une top-modèle.

La caméra recule et on constate que la photo finale est une publicité pour des produits de maquillage sur un énorme panneau d'affichage. L'écran devient graduellement noir et une phrase en petits caractères blancs apparaît : « Pas étonnant que notre perception de la beauté soit déformée[144] ».

Waouh! Stupéfiant! Cette vidéo est un rappel très efficace des dessous de l'industrie des cosmétiques. Mais elle est aussi un habile cheval de Troie pour les produits Dove.

UNE CONSCIENTISATION QUI PAIE

Les médias en général et l'industrie des cosmétiques en particulier ont tendance à présenter une image déformée des femmes. Dans les magazines, elles sont grandes et minces, elles ont le teint parfait et des dents éblouissantes. Et les publicités affirment que les produits peuvent transformer n'importe quelle femme en une version améliorée d'elle-même, avec un visage rajeuni, des lèvres plus pleines, une peau plus douce.

Il n'est guère étonnant de constater que ces messages ont un impact très négatif sur la façon dont les femmes se voient. Seulement 2 % d'entre elles se trouvent belles[145]. Plus des deux tiers croient qu'en matière de beauté les normes imposées par les médias sont irréalistes et inatteignables, et ce, peu importe les efforts qu'elles y mettront. Ce sentiment est d'ailleurs partagé par les jeunes filles. Celles qui ont les cheveux foncés voudraient les avoir blonds, les rousses détestent leurs taches de rousseur.

Evolution donne un aperçu de ce qui se cache sous les images qui nous bombardent chaque jour. Il rappelle que ces femmes à la beauté exceptionnelle ne sont pas réelles, qu'elles sont des fantasmes, des fictions qui n'ont pas grand-chose à voir avec la réalité, qu'elles sont fabriquées grâce à la magie de la retouche numérique. Cette vidéo est crue, choquante, et elle donne à réfléchir.

Mais elle n'a pas été produite par des citoyens sensibilisés ou un organisme de surveillance de l'industrie des cosmétiques. Piper l'a tournée pour le compte de Dove, le fabricant de produits de beauté et de santé, dans le cadre de sa «Campagne sur la vraie beauté». Dove voulait ainsi célébrer la diversité de la beauté physique et encourager les femmes à se faire confiance et à s'apprécier. Dans la même veine, l'entreprise a également produit une publicité sur le savon Dove qui présentait des femmes de tailles et de formes différentes plutôt que les habituels mannequins maigrichons.

Bien entendu, cette campagne a provoqué beaucoup de discussions. Sur la signification de la beauté physique, sur la manière dont les médias façonnent notre perception de la beauté, sur les moyens pour améliorer les choses. De plus, elle a donné aux gens une excuse pour parler publiquement d'une thématique privée.

Mais elle a fait plus que soulever la controverse. Elle a fait penser à Dove, elle a fait parler de Dove.

On a loué Dove pour avoir utilisé de vraies personnes dans ses campagnes et pour avoir incité la population à aborder un problème important et complexe. Quant à *Evolution*, dont la production n'a coûté qu'un peu plus de 100 000 $, elle a été visionnée à 16 millions de reprises, soit l'équivalent d'une couverture médiatique de centaines de millions de dollars. Elle a remporté de nombreux prix et après sa diffusion lors du Super Bowl de 2006, le nombre de consultations du site Web de Dove a plus que triplé. L'entreprise a également connu une croissance à deux chiffres de ses ventes[146].

Evolution est devenue virale parce que Dove s'est accrochée à une thématique qui préoccupait déjà les gens et qui suscite beaucoup d'émotion : les normes irréalistes de la beauté. De plus, comme c'est une question très controversée, les gens n'ont peut-être pas envie de l'aborder de front. Dove leur a donné un prétexte pour en parler, pour exprimer leurs doléances et penser à des solutions. Tout cela a profité à la marque. Certes, on commençait par parler des normes de la beauté, mais la marque finissait par surgir dans la conversation. En créant une histoire basée sur l'émotion, Dove a créé un véhicule pour sa marque.

DES VIRUS VALIDES

Athènes, le 16 août 2004. Le Canadien Ron Bensimhon enleva son survêtement et grimpa au sommet du tremplin de trois mètres. Il avait déjà plongé de cette hauteur, mais jamais dans le cadre d'un événement d'une telle importance, à savoir les Jeux olympiques, l'apogée de la compétition sportive et athlétique. Mais Ron ne semblait pas intimidé. Faisant fi de ses peurs, il leva les bras au-dessus de la tête et, sous la clameur de la foule, plongea. Pour faire un superbe plat.

Un plat ? Aux Olympiques ? Ron était certainement anéanti. Mais non. Lorsqu'il émergea des profondeurs de la piscine, il avait l'air calme et heureux. Il fit le cabotin dans l'eau pendant quelques minutes, avant de nager vers le bord de la piscine où l'attendait un petit escadron de gardiens de sécurité et d'officiels des Olympiques[147].

Ron ne faisait pas partie de l'équipe canadienne de natation, pas plus qu'il n'était un athlète. En fait, il était le plus célèbre *streaker** autoproclamé au monde, et il avait squatté les Olympiques aux fins d'un canular publicitaire.

Mais cette fois, Ron n'était pas nu. Il portait un tutu bleu et des collants à pois. Et sur sa poitrine était imprimé le nom d'un casino en ligne : GoldenPalace.com.

Ce n'était pas le premier canular publicitaire de Golden Palace (même si l'entreprise a affirmé que Ron avait agi à son insu). La même année, cette entreprise avait offert 28 000 $ sur eBay pour un *grilled cheese* qui, d'après certains, affichait une image de la Vierge Marie. En 2005, elle remit 15 000 $ à une dame afin qu'elle change de nom pour GoldenPalace.com. Mais le « fou de la piscine », tel que l'on a surnommé Bensimhon, était le plus extravagant. Des millions de personnes regardaient les Jeux olympiques, et le plongeon a fait la manchette partout dans le monde et a bénéficié d'un gigantesque bouche à oreille. Quelqu'un squatte les Olympiques et plonge dans une piscine en tutu. Quelle histoire remarquable !

Mais ce n'est pas du casino qu'on a parlé. Bien entendu, certains curieux ont consulté le site GoldenPalace.com. Mais la plupart des gens ont surtout parlé du plongeon. Ils se sont demandé s'il n'avait pas déstabilisé les Chinois, lesquels ont complètement raté leur dernier plongeon immédiatement après et ont perdu la médaille d'or. Ils ont parlé de la sécurité défaillante des Olympiques. Et ils ont conjecturé sur la possibilité que Bensimhon fasse de la prison après son procès[148].

La seule chose dont ils n'ont pas parlé : GoldenPalace.com. Pourquoi ?

L'importance de la pertinence

Selon les experts en marketing, le « fou de la piscine » est le plus grand flop publicitaire de tous les temps : le canular a désorganisé la compétition en cours, a fait du tort à des athlètes qui s'étaient entraînés toute

---

* Personne qui apparaît nue lors d'un événement public. On parle de « nu-vite » au Québec.

leur vie et a mené à l'arrestation de Bensimhon qui a dû payer une amende. Bref, le plat de Bensimhon est vraiment tombé à plat.

Selon moi, ce n'est pas tout : la pub a raté son effet parce qu'elle n'avait rien à voir avec le produit qu'elle était censée promouvoir.

Oui, les gens ont parlé du plongeon, mais pas du casino. Tous les éléments étaient là pour fabriquer une histoire fantastique : des collants à pois, un tutu et une intrusion dans la compétition olympique. C'est d'ailleurs pourquoi on en a tant parlé. Mais les concepteurs auraient visé plus juste si le but avait été d'inciter les gens à se préoccuper de la sécurité aux Olympiques ou d'attirer leur attention sur de nouveaux collants.

En réalité, aucun élément de cette anecdote ne fait penser au casino. Il n'y a pas le moindre lien.

Lorsque les gens ont raconté cette remarquable histoire, ils ont peut-être mentionné que Bensimhon était parrainé par une entreprise, mais sans en mentionner le nom, car ils ne voyaient pas l'intérêt d'en parler ou avaient oublié qu'il s'agissait d'un casino, ou encore parce que ça n'améliorait en rien leur récit. Bref, parler du casino n'était absolument pas pertinent. On avait construit un magnifique cheval de Troie, mais en omettant d'y insérer quoi que ce soit.

Les bébés d'Évian ou le contre-exemple

Lorsqu'ils essaient de déclencher le bouche à oreille, beaucoup de concepteurs sont tellement obnubilés par leur désir de faire parler les gens qu'ils en oublient un détail qui compte vraiment : *ce dont les gens parlent.*

C'est justement le problème d'une célèbre publicité pour Évian. Celle-ci montre des bébés en couches qui font toutes sortes d'acrobaties en patins à roulettes, au rythme de la chanson *Rapper's Delight.* Il est évident que les mouvements de leurs corps sont le produit de l'animation, mais leurs visages sont réels. C'est un clip fantastique. Il a été visionné 50 millions de fois, ce qui en fait, selon le *Guinness World Records,* la publicité en ligne la plus visionnée de toute l'histoire[149].

Pourtant, tout ce buzz n'a aucunement profité à la marque. L'année où cette publicité a été créée, Évian a perdu des parts de marché et a vu ses ventes diminuer de près de 25 %[150].

Le problème? Tout mignons soient-ils, les bébés en patins à roulettes n'ont rien à voir avec Évian. Les gens ont parlé du clip, se sont transféré des liens, mais sans pour autant mentionner la marque.

Le panda de Panda ou le parfait exemple

On ne doit pas se contenter de créer une tendance virale, on doit en créer une qui a de la valeur pour l'entreprise ou l'organisme. On ne doit pas se contenter de propager un virus, on doit propager un *virus valide*.

C'est le cas du cheesesteak à 100 $ dont il a été question au début de ce livre. Ce sandwich haut de gamme, qui fait beaucoup parler de lui, est étroitement relié à ce dont il fait la promotion : Barclay Prime, un restaurant haut de gamme. Et ce n'est pas un canular, il est véritablement offert au menu du restaurant. De plus, il réunit vraiment les qualités que le restaurant souhaite que l'on reconnaisse dans ses plats : qualité supérieure, subtilité, créativité.

On parle d'un virus valide lorsque la marque ou le produit est *partie intégrante* de l'histoire qui fait l'objet du bouche à oreille.

À ce titre, Panda, un fabricant égyptien de fromages, a créé une série de pubs qui constitue un excellent exemple de virus valide.

Chaque publicité débute de façon innocente : des employés de bureau se demandent ce qu'ils mangeront à midi, une infirmière s'occupe d'un patient à l'hôpital, un père fait les courses avec son fils[151]. Dans celle-ci, le fils demande à son père s'il peut acheter du fromage Panda. «Nous avons acheté suffisamment de choses! réplique le père en montrant le caddie. Ça suffit!»

Apparaît alors un panda. Ou plutôt un homme déguisé en panda. Déjà, l'effet comique se fait sentir. Le fait qu'un panda géant se tienne dans une allée d'épicerie (ou, dans le cas des autres pubs, dans un bureau ou dans un hôpital) est vraiment saugrenu.

Le père et le fils sont stupéfaits. Au son d'une chanson de Buddy Holly, ils regardent le fromage Panda sur l'étagère, puis le panda, puis le fromage et encore le panda. Le père avale sa salive.

Le panda s'avance vers le caddie plein à ras bord, le saisit et en renverse le contenu sur le sol. Le panda et le père se toisent. Long silence. Puis, le panda s'en va sans manquer de donner un coup de pied sur les produits qui gisent par terre. «Ne dites jamais non à Panda» dit une voix off pendant qu'un produit Panda apparaît à l'écran tenu par une patte de panda.

Avec leur timing impeccable, les publicités Panda sont désopilantes. Je les ai montrées à toutes sortes de gens, et tant les étudiants que les cadres d'institutions financières se sont bidonnés.

Mais ce n'est pas seulement l'aspect comique et absurde qui fait que ces pubs sont extrêmement efficaces. Elles seraient tout aussi drôles si l'homme était déguisé en poulet ou si à la fin, la voix off disait : «Ne dites jamais non aux voitures d'occasion de Jim».

Leur efficacité tient au fait que le virus qu'elles inoculent est valide : la marque est partie intégrante de l'histoire racontée. Il va de soi qu'on parlera du panda si on parle d'une de ces publicités. En réalité, il serait impossible de le passer sous silence. Et justement, cet élément essentiel de l'histoire et le nom de la marque sont parfaitement imbriqués. Pour cette raison, il y a aussi d'excellentes chances qu'on se souvienne du nom du produit des jours ou même des semaines après avoir vu la pub. Panda est à la fois contenu et contenant.

On peut en dire autant de la série *Will It Blend?* de Blendtec. Il est impossible de parler des clips sans parler du mélangeur et sans reconnaître qu'il est extrêmement robuste, ce qui est exactement le message que Blendtec veut transmettre[152].

L'importance des détails essentiels

Lorsqu'on cherche à concevoir une histoire virale, on ne doit pas oublier d'en vérifier la validité. Autrement dit, il faut s'assurer qu'on en parlera pour les bonnes raisons (pour le produit, le concept, l'entreprise qui doit en bénéficier). Il y lieu, ici, de faire une analogie avec la littérature policière. Dans tout bon polar, certains détails sont essentiels, tandis que d'autres sont secondaires. Où étaient les différents suspects le soir du meurtre? Essentiel. Que mangeait le détective pendant qu'il réfléchissait aux détails de l'affaire? Secondaire.

Il en va de même du contenu viral. Si l'on prend, par exemple, le canular olympique de Ron Bensimhon. Sauter dans une piscine? Essentiel. GoldenPalace.com? Secondaire.

Lorsqu'on conçoit du contenu viral, il importe donc de mettre l'accent sur le bon type de détails. Cet aspect est d'autant plus crucial que l'histoire se transmettra oralement. La légende du cheval de Troie a survécu au passage du temps. Il en existe un récit écrit, mais la plupart des gens la connaissent parce qu'on la leur a racontée de vive voix. Et les éléments dont ils se souviennent ne sont pas aléatoires. Les détails essentiels sont ceux que l'on retient et que l'on transmet. Les autres passent à l'oubli.

Les psychologues Gordon Allport et Joseph Postman ont examiné cette question il y a plus de 50 ans[153]. Passionnés par le phénomène de la rumeur, ils souhaitaient vérifier si une histoire donnée se modifiait à mesure qu'elle se répandait au sein d'une population. Le cas échéant, les changements suivaient-ils une tendance?

Pour répondre à leurs questions, ils demandèrent à un groupe de personnes de s'adonner au jeu du téléphone.

À un premier sujet, ils montrèrent une photo représentant l'intérieur d'un wagon de métro new-yorkais, apparemment un express de la huitième avenue à destination de Dyckman Street. Plusieurs affiches publicitaires tapissaient les murs du wagon. Cinq personnes étaient assises, dont un rabbin et une femme portant un bébé. De plus, deux hommes étaient en train de se disputer. Ils étaient debout et l'un des deux pointait un couteau en direction de l'autre.

Le premier sujet (le transmetteur) fut invité à décrire la photo à un deuxième sujet (le récepteur) qui ne pouvait pas la voir. Puis, il quitta la pièce. Entra un troisième sujet qui joua le rôle du récepteur, tandis que le premier récepteur devint transmetteur, et ainsi de suite jusqu'à ce qu'on arrive au sixième et dernier sujet. Allport et Postman véri-fièrent quels détails de l'histoire persistaient dans cette chaîne de transmission.

Ils découvrirent que la quantité d'informations diminuait de façon spectaculaire chaque fois que l'histoire était racontée. Environ 70 % des détails furent perdus dans les cinq premiers récits. Mais les histoires n'étaient pas seulement de plus en plus brèves, elles étaient de plus en plus centrées sur les principaux points.

Après avoir répété cette expérience des douzaines de fois, les chercheurs relevèrent des tendances : certains détails étaient toujours omis, tandis que d'autres étaient toujours retenus. Le premier sujet n'omettait ja-mais aucun détail, mais à mesure que l'histoire était transmise, de nom-breux détails secondaires étaient passés sous silence. Et les sujets finissaient par se concentrer sur la dispute et sur le fait qu'un des deux hommes pointait un couteau vers l'autre. Comme dans les bons ro-mans policiers, ils retenaient les détails essentiels et laissaient tomber les informations secondaires.

L'essentiel

Si vous désirez concevoir du contenu contagieux, construisez un cheval de Troie. Mais assurez-vous de la validité du virus que vous tenterez d'inoculer. Faites en sorte que l'information que vous souhaitez qu'on retienne et qu'on transmette soit partie intégrante de votre récit. Bien entendu, vous pouvez raconter une histoire drôle, surprenante ou divertissante. Mais s'il n'y a pas de lien entre cette histoire et votre entreprise ou votre produit ou concept, elle ne vous sera guère utile et ce, même si elle devient virale.

Construisez un cheval de Troie qui procure du capital social, qui est associé à des déclencheurs, qui suscite des émotions, qui est visible, qui comporte de la valeur pratique, mais n'oubliez pas d'y cacher le message que vous voulez transmettre. Veillez à ce que cette information et votre histoire soient tellement imbriquées que les gens ne pourront parler de l'une sans parler de l'autre.

ÉPILOGUE

Demandez à trois personnes de vous dire où elles se sont fait faire leur manucure et je vous parie qu'au moins l'une d'entre elles mentionnera un salon vietnamien. Voici pourquoi.

Thuan Le était enseignante dans son pays d'origine, mais quand elle arriva à Hope Village en 1975, elle ne possédait rien d'autre que les vêtements qu'elle portait[154]. Hope Village était un camp de réfugiés que l'on avait installé aux confins de la ville de Sacramento pour accueillir les Vietnamiens qui avaient fui leur pays après la chute de Saigon. Le camp grouillait de nouveaux immigrants à la fois remplis d'espoir et de détresse. Tous ces gens étaient venus en Amérique à la poursuite d'une vie meilleure, mais comme ils ne parlaient pratiquement pas anglais, leurs possibilités étaient limitées.

Sensible au sort des réfugiés, l'actrice Tippi Hedren, célèbre pour son rôle dans *Les oiseaux* d'Alfred Hitchcock, visitait souvent Hope Village. Comme elle voulait se rendre utile, elle entreprit d'aider et de conseiller un groupe d'une vingtaine de femmes. Il y avait parmi elles d'anciennes dirigeantes d'entreprises, fonctionnaires, enseignantes (notamment Thuan Le) qui souhaitaient ardemment retourner au travail. Tippi était fascinée par leurs histoires. Elles, en revanche, étaient fascinées par ses ongles soignés.

Elle amena donc sa manucure personnelle au camp afin qu'elle enseigne aux intéressées comment retirer les cuticules, les callosités, etc. Excellentes élèves, ces femmes mirent rapidement leurs connaissances en pratique auprès de Tippi Hedren, d'elles-mêmes et de quiconque voulait une manucure.

Un plan fut bientôt échafaudé. Tippi s'arrangea pour que les femmes suivent gratuitement des cours dans une école d'esthétique des environs. Après qu'elles eurent passé leurs examens et obtenu leurs permis, l'actrice fit jouer ses relations et les aida à se trouver des emplois à Santa Monica et dans les villes avoisinantes.

Ces femmes n'eurent pas la tâche facile. Les manucures n'étaient pas aussi populaires qu'aujourd'hui et la concurrence était féroce. Elles durent travailler fort, pendant de longues heures, et accepter des emplois dont personne d'autre ne voulait. Mais elles furent récompensées pour leur assiduité et leur persévérance. Elles gagnèrent de l'argent et gravirent les échelons de la société. Et bientôt, le premier salon d'esthétique tenu par des Américaines d'origine vietnamienne ouvrit ses portes.

Il fut suivi de beaucoup d'autres. Les milliers de Vietnamiennes venues s'établir aux États-Unis à la recherche d'une vie meilleure entendirent parler de ce que faisaient celles qui les avaient précédées. Les salons de manucure vietnamiens poussèrent un peu partout dans Sacramento, avant d'envahir le reste de la Californie, puis tout le pays. Lancée par une vingtaine de femmes, la tendance était désormais animée par sa propre force.

Aujourd'hui, 80 % des manucures en Californie et 40 % à l'échelle nationale sont d'origine vietnamienne.

Les salons de manucure vietnamiens sont devenus *contagieux*.

Certes, l'histoire de Thuan, Tippi et de la propagation des salons de manucure vietnamiens est extraordinaire, mais elle n'est pas unique.

À l'instar des Vietnamiens, d'autres groupes d'immigrants ont monopolisé des secteurs d'activité. On estime que les Américains d'origine cambodgienne et d'origine coréenne possèdent respectivement 80 % des restaurants de beignets de Los Angeles[155] et 65 % des teintureries de New York[156]. Dans les années 1850, 60 % des marchands de vin de Boston étaient d'origine irlandaise[157]. Au début des années 1900, les Juifs fabriquaient 85 % des vêtements pour hommes[158]. Et ainsi de suite.

En réalité, cela n'est pas vraiment étonnant. À son arrivée dans un nouveau pays, une personne commence habituellement par se chercher du travail. Or, ses options sont souvent limitées. Elle peut avoir occupé telle ou telle profession dans son pays d'origine, mais ses diplômes ne sont pas nécessairement reconnus dans son pays d'adoption, elle n'en maîtrise pas nécessairement la langue et elle n'y connaît pas beaucoup de gens. Généralement, les immigrants s'en remettent à leur réseau de compatriotes pour obtenir de l'aide.

Et dans ce cas, comme dans le cas des produits et concepts dont nous avons parlé tout au long de ce livre, l'influence sociale et le bouche à oreille comptent pour beaucoup. La recherche d'emplois est un sujet de discussion très fréquent parmi les nouveaux immigrants (déclencheurs). Ils s'informent des emplois que leurs prédécesseurs ont obtenus (visibilité). Ces derniers veulent faire bonne impression (capital social) et aider leurs compatriotes (valeur pratique). Ils leur racontent donc les histoires à succès d'autres immigrants (histoire), qui suscitent leur enthousiasme (émotion).

Bientôt, ces nouveaux immigrants suivent leurs pairs et entrent dans le même secteur d'activités.

L'histoire précédente illustre de nombreux points dont nous avons discuté dans ce livre.

Premièrement, n'importe quel produit, concept ou comportement peut être contagieux. Comme nous l'avons constaté, cela a été le cas d'un mélangeur (*Will It Blend?*); d'un bar (Please Don't Tell); de céréales à déjeuner (Cheerios); du savon (Dove); de produits «naturellement» plus excitants comme une solderie (Rue La La), des écouteurs pas comme les autres (ceux de iPod) et un mets haut de gamme (le cheesesteak à 100 $ de Barclay Prime); d'autres produits à la popularité inattendue, comme la vidéo de Ken Craig sur l'épluchage des épis de maïs et la recherche en ligne («Parisian Love» de Google); de services (Hotmail); de mouvements sans but lucratif (Movember et les bandes Livestrong); de comportements souhaitables (le jeune homme qui boit une bouillie de graisse blanche); et même de secteurs d'activité (salons de manucure vietnamiens).

Deuxièmement, les épidémies sociales sont provoquées non pas par quelques personnes cool, branchées et soi-disant influentes, mais bien par les produits et les concepts eux-mêmes.

Bien entendu, chaque histoire exceptionnelle a son héro. Tippi Hedren a aidé les Vietnamiennes à apprendre l'art de la manucure et George Wright a eu l'idée qui a donné la série *Will It Blend?* Mais en fin de compte, ils n'ont joué qu'un rôle secondaire. À ce titre, le sociologue Duncan Watts compare le phénomène des épidémies sociales aux incendies de forêt[159]. Un incendie peut être plus dévastateur qu'un autre, mais ce n'est certainement pas parce que l'étincelle qui l'a déclenché était de nature exceptionnelle. Dans tous les cas, les flammes se propagent d'arbre en arbre.

Les produits et concepts contagieux sont comme les incendies de forêt. Ils se répandent parce que des centaines, voire des milliers, de gens ordinaires en parlent.

La question est de savoir *pourquoi* ils le font.

C'est ce qui nous amène à notre troisième point: certaines caractéristiques des produits et des concepts les rendent plus susceptibles de déclencher le bouche à oreille. Comme nous l'avons déjà mentionné, la popularité n'est pas le fruit du hasard. Les mêmes six principes alimentent toutes les épidémies sociales – qu'il s'agisse de convaincre la population d'économiser le papier, de voir un documentaire, d'essayer un service ou de voter pour un candidat.

Capital social	On parle de ce qui permet de faire bonne impression.
Déclencheurs	On parle de ce qu'on a à l'esprit.
Émotion	On parle de ce qu'on ressent.
Visibilité	On parle de ce qu'on voit.
Valeur pratique	On parle de ce qui est utile.
Récit	On parle de ce qui se raconte bien.

Si l'on veut rendre un produit ou un concept viral, il doit incarner ces principes.

Dans certains cas, le ou les principes peuvent être pris en compte dès la conception. Le cheesesteak à 100 $ a été créé pour procurer du capital social. La journée du vendredi a été un déclencheur pour la chanson *Friday* de Rebecca Black. La performance de Susan Boyle évoquait beaucoup d'émotion. Movember a permis d'amasser des millions de dollars au profit de la recherche sur les cancers masculins en rendant visible, par le port de la moustache, un comportement privé. La vidéo de Ken Craig est une merveille de valeur pratique.

Les six principes de la contagion sociale peuvent aussi être intégrés aux messages sur les produits ou les concepts. Les mélangeurs de Blendtec ont toujours été puissants, mais ce sont les clips de la série *Will It Blend?* qui en ont fait la démonstration de façon remarquable; ce sont ces messages qui ont procuré du capital social aux gens et qui ont créé le buzz. La compagnie Kit Kat n'a pas modifié son produit, mais en concoctant un message qui l'associait à une boisson populaire (le café), elle a décuplé le nombre de déclencheurs qui ont incité les gens à penser à la tablette chocolatée (et à en parler). Vanguard possède une expertise et un savoir particuliers, mais les gens l'apprennent parce qu'ils se transmettant son bulletin financier *MoneyWhys* qui offre une grande valeur pratique. Il en est de même de la vidéo *Evolution* et de Dove : les gens se sont transmis le clip parce qu'il évoquait beaucoup d'émotion, mais le buzz a aussi beaucoup profité à la compagnie.

Ci-dessous, vous trouverez une liste de contrôle qui vous permettra de vérifier dans quelle mesure votre produit ou votre concept se conforme aux six principes de la contagion sociale. À noter que vous n'avez pas besoin de suivre les six principes pour démarrer une tendance.

Capital social	Est-ce que le fait de parler de votre produit ou concept permet de faire bonne impression ? Possède-t-il une « remarquabilité » inhérente ? Pouvez-vous profiter de son potentiel ludique ou tabler sur sa rareté ou son exclusivité pour que les gens se sentent dans le coup s'ils en parlent ?
Déclencheurs	Quels éléments de l'environnement – les déclencheurs – incitent les gens à penser à votre produit ou concept ? Pouvez-vous développer un habitat qui le fera surgir plus souvent dans l'esprit des gens ?
Émotion	Concentrez-vous sur les sentiments. Est-ce que le fait de parler de votre produit ou concept suscite une émotion particulière ? Cette émotion est-elle stimulante ?
Visibilité	Votre produit ou concept fait-il sa propre publicité ? Son utilisation est-elle visible ? Sinon, pouvez-vous publiciser le privé ? Pouvez-vous créer des résidus comportementaux qui persisteront ?
Valeur pratique	Le fait de parler de votre produit ou concept permet-il d'aider les autres ? Pouvez-vous souligner le caractère exceptionnel de sa valeur ? Pouvez-vous transformer votre expertise et votre savoir en une information pratique que les gens voudront propager ?
Récit	Quel est votre cheval de Troie ? Votre produit ou concept est-il partie intégrante d'une histoire que les gens voudront raconter ? Cette histoire est-elle virale, mais surtout valide ?

Ce qu'il y a de bien dans les six principes de la contagion sociale, c'est que n'importe qui peut les mettre en application. Vous n'avez besoin ni d'un énorme budget publicitaire, ni d'être un génie du marketing, ni d'avoir le gène de la créativité. La plupart des vidéos virales et contagieuses dont nous avons traité dans ce livre ont été créées par des gens qui n'étaient pas célèbres et qui n'avaient pas 10 000 *followers* sur Twitter. Seulement, ils ont mis en application un ou plusieurs principes de la contagion sociale.

Howard Wein voulait trouver un moyen de faire ressortir son nouveau restaurant du lot, tout en restant fidèle à sa marque. C'est à cela qu'a servi le cheesesteak. Ce sandwich était remarquable (capital social), surprenant (émotion), intégré à une histoire captivante, et un bon exemple de la qualité supérieure des produits offerts par le restaurant (valeur pratique). De plus, les nombreux cheesesteaks de Philadelphie ont été autant de rappels de celui de Barclay Prime (déclencheurs). Bref, le cheesesteak à 100 $ a fait parler les gens et a contribué à l'immense succès de Barclay Prime.

George Wright avait un budget publicitaire pratiquement inexistant. Il devait trouver un moyen de créer un buzz autour d'un produit dont personne ne parle en temps normal : un mélangeur. En réfléchissant au caractère exceptionnel de ce produit particulier et en y associant une histoire captivante, il a créé des vidéos qui ont été visionnées des centaines de millions de fois. Extraordinaires (émotion) et remarquables (capital social), les clips de la série *Will It Blend?* démontrent clairement les avantages du produit (valeur pratique) et constituent un cheval de Troie idéal pour déclencher le bouche à oreille, favoriser la popularité de Blendtec et faire augmenter son volume des ventes.

Voilà des gens et des produits ordinaires. Mais en exploitant la psychologie du bouche à oreille, les premiers ont réussi à créer un buzz autour des seconds.

En nous appuyant sur les études scientifiques les plus récentes, nous avons décortiqué les différents aspects de la contagion sociale. Si vous en suivez les six principes, vous pourrez rendre n'importe quel produit ou concept populaire.

REMERCIEMENTS

Souvent lorsque je mentionnais que j'écrivais un livre, les gens me demandaient si j'avais de l'aide. Il m'était difficile de répondre simplement à cette question, car bien que j'en sois le seul auteur, ce livre n'aurait jamais vu le jour sans la contribution indirecte de beaucoup de gens.

Tout d'abord, je souhaite remercier mes collaborateurs : Ezgi Akpinar, Eric Bradlow, Dave Balter et l'équipe de BzzAgent, Gráinne Fitzsimons, Raghu Iyengar, Ed Keller et les gens du Keller Fay Group, Blake McShane, Katy Milkman, Eric Schwartz et Morgan Ward, sans qui les articles que j'ai évoqués n'auraient pas été écrits. De brillants étudiants tels que Rebecca Greenblatt, Diana Jiang, Lauren McDevitt, Geneva Long, Keri Taub et Jennifer Wu ont également contribué à ces projets. Malcolm Gladwell a écrit le livre extraordinaire qui m'a lancé sur cette voie. Anna Mastri m'a poussé à devenir un meilleur écrivain, et les livres de Seth Godin, Stanley Lieberson, Everett Rogers, Emanuel Rosen, Thomas Schelling et Jonathan Weiner m'ont incité à poursuivre dans ce champ de recherche. Je suis redevable à des gens comme Glenn Moglen, qui m'a initié à la recherche universitaire, à Emily Pronin, qui m'a initié à la psychologie sociale, à Noah Mark, qui m'a initié à la sociologie, et à Lee Ross et Itamar Simonson, qui m'ont toujours encouragé à voir grand. Merci également à mes collègues de Wharton et

Stanford, et à tous les professeurs de la Montgomery Blair High School et de la Takoma Park Middle School qui m'ont enseigné, ainsi qu'à des milliers d'autres enfants privilégiés, les merveilles des mathématiques et des sciences.

Deuxièmement, je souhaite remercier les gens qui ont contribué à la production de ce livre. Dan Ariely, Dan Gilbert et Sarah Lehrer m'ont aidé à comprendre ce qu'écrire un livre signifie vraiment. Alice LaPlante a peaufiné mon écriture. Jim Levine et tous ses collègues de la Levine Greenberg Literary Agency m'ont guidé tout au long de ce processus. Jonathan Karp, Bob Bender, Tracey Guest, Richard Rhorer, Michael Accordino et tous les autres membres de l'équipe de Simon & Schuster m'ont aidé à structurer mes idées. Anthony Cafaro, Colleen Chorak, Ken Craig, Ben Fischman, Denise Grady, Koreen Johannessen, Scott MacEachern, Jim Meehan, Tim Piper, Ken Segall, Brian Shebairo, Howard Wein et George Wright ont pris le temps de me raconter leurs histoires. Plusieurs étudiants du MBA à Wharton ont été assez gentils pour commenter ma première ébauche. Grâce à l'équipe de soccer de l'Université de Pennsylvanie, j'ai pu m'évader parfois. Maria Ana a mis son œil de lynx au service de la révision. Mon frère, Fred, Danny et toute la famille Bruno m'ont non seulement fait part de leurs commentaires, ils m'ont rappelé pourquoi je faisais tout cela.

Quelques personnes méritent des remerciements spéciaux : Chip, qui a non seulement été mon conseiller, mon mentor et mon ami, mais qui m'a appris pratiquement tout ce que je sais sur la recherche et l'écriture, je ne te remercierai jamais assez ; Jordan, qui est resté à mes côtés et qui, au besoin, a été soit un réviseur avisé, soit un fan infatigable ; mes parents Diane Arkin et Jeffrey Berger, qui ont non seulement lu mes ébauches et appuyé mon projet, mais m'ont donné la base qui a rendu tout cela possible ; enfin, ma grand-mère, qui a donné le coup d'envoi à ce projet et m'a appuyé jusqu'au bout.

NOTES

1. www.econ.ucsb.edu/~tedb/Courses/Ec1F07/restaurantsfail.pdf
2. http://www.yelp.com/biz/barclay-prime-philadelphia
3. SHANE, Scott. « Startup Failure Rates – The REAL numbers », *Small Business Trends*, 28 avril 2008 (http://smallbiztrends.com/2008/04/startup-failure-rates.html).
4. Dans ce livre, le mot « viral » fait référence à la transmission d'une personne à une autre. L'analogie avec les maladies infectieuses convient dans le sens où un virus se transmet aussi d'une personne à une autre. Mais l'une des principales différences entre les deux formes de propagation réside dans la longueur prévue de la chaîne de transmission. Une personne peut très bien être à l'origine d'une maladie qui affectera un large bassin de personnes dans la mesure où elle la transmettra d'abord à quelques individus, qui la transmettront à leur tour à d'autres individus de plus, et ainsi de suite, jusqu'à ce qu'un grand nombre de personnes soient infectées. Ce processus est plus rare lorsqu'il est question de produits et d'idées (Goel, Watts et Goldstein. « The Structure of Online Diffusion Networks », *Proceedings of the 13th ACM Conference on Electronic Commerce,* 2012). Les gens parlent des produits et des idées entre eux, mais la probabilité qu'une seule personne soit à l'origine d'une très longue chaîne est faible. Donc, lorsque j'affirme, par exemple, que telle action rendra une idée virale, je dis en fait qu'elle est plus susceptible de se répandre d'une personne à une autre, peu importe la longueur de la chaîne de transmission ou le fait qu'elle « infectera » une population en entier.
5. Mehl R. MATTHAIS, Simine VAZIRE, Nairan RAMIREZ-ESPARZA, Richard B. SLATCHER et James W. PENNEBAKER. « Are Women Really More Talkative Than Men ? » *Science*, n° 317, 2007, p. 82.
6. KELLER, Ed et Barak LIBAI. « A Holistic Approach to the Measurement of WOM », présentation à la ESOMAR Worldwide Media Measurement Conference, Stockholm, 4-6 mai 2009.

7. TRUSOV, Michael, Randolph E. BUCKLIN et Koen PAUWELS. «Effects of Word-of-Mouth Versus Traditional Marketing: Findings from an Internet Social Networking Site», *Journal of Marketing,* n° 73, Septembre 2009, p. 90–102.

8. BUGHIN, Jacques, JonathanDOOGAN et Ole Jørgen VETVIK. «A New Way to Measure Word-of-Mouth Marketing», *McKinsey Quarterly* (Livre blanc), 2010.

9. GODES, David et Dina MAYZLIN. «Firm-Created Word-of-Mouth Communication: Evidence from a Field Study», *Marketing Science* 28, n° 4, 2009, p. 721–39.

10. CHEVALIER, Judith et Dina Mayzlin. «The Effect of Word of Mouth on Sales: Online Book Reviews», *Journal of Marketing Research* 43, n° 3, 2006, p. 345–54.

11. IYENGAR, Raghuram, Christophe VAN DEN BULTE et Thomas W. VALENTE. «Opinion Leadership and Social Contagion in New Product Diffusion», *Marketing Science* 30, n° 2, 2011, 195–212.

12. CHRISTAKIS, Nicholas A. et James FOWLER. *Connected: The Surprising Power of Our Social Networks and How They Shape Our Lives,* New York, Little, Brown and Company, 2009.

13. ANDREW, Stephen et Jeff GALAK. «The Effects of Traditional and Social Earned Media on Sales: A Study of a Microlending Marketplace», *Journal of Marketing Research,* 2012.

14. SCHMITT, Philipp, Bernd SKIERA et Christophe VAN DEN BULTE. «Referral Programs and Customer Value», *Journal of Marketing* 75, janvier 2011, p. 46–59. Voir également http://techcrunch.com/2011/11/27/social-proof-why-people-like-to-follow-the-crowd.

15. ERIDON, Corey. «25 Billion Pieces of Content Get Shared on Facebook Monthly», *Hubspot Blog,* 2 décembre 2011 http://blog.hubspot.com/blog/tabid/6307/bid/29407/25-Billion-Pieces-of-Content-Get-Shared-on-Facebook-Monthly-INFOGRAPHIC.aspx.

16. KELLER, Ed et Brad FAY. *The Face-to-Face Book: Why Real Relationships Rule in a Digital Marketplace,* New York, Free Press, 2012.

17. http://news.cnet.com/8301-1023_3-10421016-93.html

18. Charles ARTHUR. «Average Twitter User has126 Followers et Only 20% of Users Go via Website», *The Guardian,* 29 mars 2009, http://www.guardian.co.uk/technology/blog/2009/jun/29/twitter-users-average-api-traffic.

19. Lorsqu'on cherche à déterminer lequel des deux types de bouche à oreille – en ligne ou hors ligne – sera plus efficace, il faut penser au contexte. Si l'on essaie d'amener les gens à consulter un site Web, le bouche à oreille en ligne sera fantastique, car l'action ne nécessitera qu'un clic. En revanche, si l'on veut vendre une sauce tomate, le bouche à oreille hors ligne sera probablement plus efficace, car c'est au magasin que les gens doivent se souvenir de cette fameuse sauce. Il faut également tenir compte de la façon dont les gens font leurs recherches avant d'acheter, le cas échéant. Ainsi, bien que la plupart des gens achètent leur voiture hors ligne, ils font beaucoup de recherche en ligne et peuvent prendre leur décision avant même de passer chez le concessionnaire. Dans certains cas, le bouche à oreille en ligne peut influencer leur décision.

20. http://articles.businessinsider.com/2009-05-20/tech/30027787_1_ tubemogul-videos-viral-hits.

21. GLADWELL, Malcolm. *Le point de bascule,* Montréal, Les Éditions Transcontinental, 2003, 255 p. (nouvelle édition, 2012).

22. KELLER, Ed et Jon BERRY. *The Influentials: One American in Ten Tells the Other Nine How to Vote, Where to Eat et What to Buy,* New York, Free Press, 2003.

23. Actuellement, il y a peu de preuves empiriques fiables démontrant que les gens qui ont plus de liens sociaux ou qui sont plus persuasifs sont plus aptes à créer des tendances virales. Voir à ce sujet : BAKSHY, Eytan, Jake HOFMAN, Winter A. MASON et Duncan J. WATTS. « Everyone's an Influencer : Quantifying Influence on Twitter », *Proceedings of the Fourth International Conference on Web Search and Data Mining,* Hong Kong, 2011 ; WATTS, Duncan J. et Peter S. DODDS. « Networks, Influence, and Public Opinion Formation », *Journal of Consumer Research* 34, n° 4, 2007, p. 441–58. Pensez à la dernière anecdote que quelqu'un vous a racontée et que vous avez racontée à votre tour. L'avez-vous fait parce que la personne était populaire ou plutôt parce que l'histoire en soi était drôle ou étonnante ? Pensez au dernier article qu'on vous a envoyé par courriel et que vous avez transféré à quelqu'un d'autre. L'avez-vous fait à cause du don de persuasion de la première personne ou parce que vous saviez que la troisième s'intéressait au sujet traité dans l'article ? Dans la plupart des cas, le moteur du bouche à oreille est le message et non le messager.

24. L'histoire de Tom Dickson est tirée de SAUER, Patrick J. « Confessions of a Viral Video Superstar », *Inc.,* 19 juin 2008.

25. http://donteattheshrimp.com/2007/07/03/will-it-blend-gets-blendtec-in-the-wsj/ et http://magazine.byu.edu/?act=view&a=2391

26. Pour voir Tom réduire un iPhone en miettes, consulter http://jonahberger.com

27. Ces renseignements proviennent d'entretiens réalisés avec Brian Shebairo le 16 mai 2012 et Jim Meehan le 13 mai 2012.

28. DUNBAR, Robert I. M., Anna MARRIOTT et N. D. C. DUNCAN. « Human Conversational Behavior », *Human Nature* 8, n° 3, 1997, p. 231–44.

29. NAAMAN, Mor, Jeffrey BOASE et Chih-Hui LAI. « Is It Really About Me ? Message Content in Social Awareness Streams », *Proceedings of the ACM Conference,* 2010, p. 189–92.

30. TAMIR, Diana I. et Jason P. MITCHELL. « Disclosing Information About the Self Is Intrinsically Rewarding », *Proceedings of the National Academy of Sciences,* 109, n° 21, 2012, p. 8038–43.

31. BERGER, Jonah et Chip HEATH. « Who Drives Divergence ? Identity Signaling, Outgroup Dissimilarity, and the Abandonment of Cultural Tastes », *Journal of Personality and Social Psychology* 95, n° 3, 2008, p. 593–605.

    BERGER, Jonah et Chip HEATH. « Where Consumers Diverge from Others : Identity Signaling and Product Domains », *Journal of Consumer Research* 34, n° 2, 2007, p. 121–34.

32. WOJNICKI, Andrea C. et Dave GODES. « Word-of-Mouth as Self-Enhancement », Université de Toronto, document de travail, 2010.

DE ANGELIS, Matteo, Andrea BONEZZI, Alessandro PELUSO, Derek RUCKER et Michele COSTABILE. « On Braggarts and Gossips : A Self-Enhancement Account of Word-of-Mouth Generation and Transmission », *Journal of Marketing Research,* 2012, sous presse.

33. http ://mittelmitte.blogspot.com/2006/09/snapple-real-facts-are-100-true.html et http ://mysnapplerealfacts.blogspot.com/

34. BERGER, Jonah et Raghuram IYENGAR. « How Interest Shapes Word-of-Mouth over Different Channels », Wharton University, document de travail, 2013.

35. BAKSHY, Eytan, Jake M. HOFMAN, Winter A. MASON et Duncan J. WATTS. « Everyone's an Influencer : Quantifying Influence on Twitter », *WSDM,* 2011, p. 65–74.

BERGER, Jonah et Katherine MILKMAN. « What Makes Online Content Viral », *Journal of Marketing Research,* 49, n° 2, 2012, p. 192–205.

36. BURRUS, Jeremy, Justin KRUGER et Amber JURGENS. « The Truth Never Stands in the Way of a Good Story : The Distortion of Stories in the Service of Entertainment », Université de l'Illinois, document de travail, 2006.

37. HEATH, Chip et Dan HEATH. *Made to Stick : Why Some Ideas Survive and Others Die,* New York, Random House, 2011.

38. CHEN, Zoey et Jonah BERGER. « When, Why et How Controversy Causes Conversation », Wharton University, document de travail, 2012.

39. http ://en.wikipedia.org/wiki/The_Blair_Witch_Project.

40. On trouvera les renseignements sur Renova, l'entreprise portugaise qui fabrique du papier hygiénique de couleur à http ://www.renovaonline.net/_global/

41. Toutes les informations concernant les programmes de fidélisation de cette section proviennent de http ://www.frequentflyerservices.com/press_room/facts_and_stats/frequent_flyer_facts.php et de http ://www.prweb.com/releases/2011/11/prweb8925371.htm.

42. HEATH, Chip, Richard P. LARRICK et George WU. « Goals as Reference Points », *Cognitive Psychology,* 38, 1999, p. 79-109

AMIR, On et Dan ARIELY. « Resting on Laurels : The Effects of Discrete Progress Markers as Sub-goals on Task Performance and Preferences », *Journal of Experimental Psychology : Learning, Memory et Cognition* 34, n° 5, 2008, p. 1158–71

KIVETZ, Ran, Oleg URMINSKY et Yuhuang ZHENG. « The Goal-Gradient Hypothesis Resurrected : Purchase Acceleration, Illusionary Goal Progress et Customer Retention », *Journal of Marketing Research* 43, n° 1, 2006, p. 39–56.

43. KIVETZ, Ran, Oleg URMINSKY et Yuhuang ZHENG. « The Goal-Gradient Hypothesis Resurrected : Purchase Acceleration, Illusionary Goal Progress et Customer Retention », *Journal of Marketing Research,* 43 (février), 2006, p. 39–58.

44. SOLNICK, S. J. et D. HEMENWAY. « Is More Always Better ? A Survey on Positional Concerns. » *Journal of Economic Behavior and Organization* 37, 1998, p. 373–83.

45. Pour de l'information concernant la campagne « Art of the Trench » de Burberry, consulter : http://blogs.wsj.com/source/2010/01/19/ burberry %E2%80%99s-trench-website-too-good-to-be-true/ et http://www.1to1media.com/weblog/2010/01/internet_marketing_from_the_tr.html.

46. L'entrevue avec Ben Fischman a été réalisée le 12 juin 2012. Je remercie Dave Balter qui m'a fait connaître cette fantastique histoire.

47. ARONSON, Elliot. « The Theory of Cognitive Dissonance : The Evolution and Vicissitudes of an Idea », *in* Craig McGarty et S. Alexander Haslam, *The Message of Social Psychology : Perspectives on Mind in Society*, Malden, Mass., Blackwell Publishing, 1997, p. 20-35.

   ARONSON, Elliot et Judson MILLS. « The Effect of Severity of Initiation on Liking for a Group », *Journal of Abnormal and Social Psychology*, 66, n° 6, 1959, p. 584–88.

   SELA, Aner et Jonah BERGER. « Decision Quicksand : How Trivial Choices Suck Us In », *Journal of Consumer Research*, 39, 2011.

48. VERHALLEN, Theo. « Scarcity and Consumer Choice Behavior », *Journal of Economic Psychology*, 2, 1982, p. 299-322.

   WORCHEL, S., J. Lee et A. ADEWOLE. « Effects of Supply and Demand on Ratings of Object Value », *Journal of Personality and Social Psychology*, 32, 1975, p. 906-14.

   FROMKIN, H. L., J. C. OLSON, R. L. DIPBOYE et D. BARNABY. « A Commodity Theory Analysis of Consumer Preferences for Scarce Products », *Proceedings, 79th Annual Convention of the American Psychological Association*, 1971, p. 653-54.

49. Difficulté d'accès n'est pas l'équivalent de non-accès. Il est peut-être difficile d'obtenir une réservation au bar Please Don't Tell, mais ce n'est pas impossible. Et bien que Rue La La ne soit accessible qu'à ses membres, depuis peu il est assez facile d'y adhérer (il suffit de posséder une adresse courriel). Maintenir la rareté et l'exclusivité d'un produit pendant un temps avant d'assouplir les restrictions pour en faciliter l'accès est une manière particulièrement efficace d'entretenir la demande.

   Il faut savoir doser les restrictions qui, à la longue peuvent devenir rébarbatives. Les gens ont l'habitude d'obtenir ce qu'ils veulent. S'ils essuient trop de refus, ils peuvent se désintéresser du produit. C'est pourquoi Jim Meehan de Please Don't Tell donne comme consigne à son personnel de toujours proposer un autre créneau horaire si celui que la personne souhaite réserver n'est pas disponible : « Désolé, nous n'avons plus de place à 20 h 30, mais je pourrais vous proposer 23 h. » Ou encore : « Malheureusement, nous n'avons plus la marque X, mais nous avons la Y, voudriez-vous l'essayer ? » En gérant la déception, on maintient l'attrait du produit et la satisfaction du client.

50. Je remercie Dave Balter qui m'a raconté l'histoire du localisateur du McRib. Pour de plus amples détails, consulter http://www.maxim.com/funny/the-cult-of-the-mcrib-0 et http://en.wikipedia.org/wiki/McRib.

51. LEPPER, Mark R., David GREENE et Richard E. NISBETT. «Undermining Children's Intrinsic Interest with Extrinsic Reward: A Test of the 'Overjustification' Hypothesis», *Journal of Social and Personality Psychology,* 28, n° 1, 1973, p. 129-37.

HEYMAN, James et Dan ARIELY. «Effort for Payment: A Tale of Two Markets», *Psychological Science,* 15, n° 11, 2004, p. 787-93.

52. SERNOVITZ, Andy. *Word of Mouth Marketing: How Smart Companies Get People Talking,* Chicago, Kaplan Publishing, 2006.

53. BERGER, Jonah et Eric SCHWARTZ. «What Drives Immediate and Ongoing Word-of-Mouth?" *Journal of Marketing,* octobre 2011, p. 869-80 (analyse de BzzAgent dont il est question dans ce chapitre).
et
Analyse de données de Twitter sur l'occurrence de ces deux marques dans les tweets.

54. CARL, Walter. «What's All the Buzz About? Everyday Communication and the Relational Basis of Word-of-Mouth and Buzz Marketing Practices», *Management Communication Quarterly,* 19, 2006, p. 601-34.

55. KELLER, Ed et Barak LIBAI. «A Holistic Approach to the Measurement of WOM», présentation à ESOMAR Worldwide Media Measurement Conference, Stockholm, 4-6 mai 2009.

56. Il s'agissait des données sur les produits et le nombre de rapports présentés par chaque BzzAgent. Nous pouvions donc analyser le bouche à oreille généré par produit et par agent, ce qui était particulièrement intéressant. Mais nous avons été à même de repérer des tendances plus générales. Nous avons non seulement constaté que les gens parlent davantage de certaines catégories de produits (les produits alimentaires), mais compris la psychologie de la conversation ou, si l'on veut, ce qui la déclenche.

57. HIGGINS, E. Tory et G. KING. «Accessibility of Social Constructs: Information-processing Consequences of Individual and Contextual Variability» *in* N. Cantor et J. F. Kihlstrom, *Personality, Cognition et Social Interaction,* Hillsdale, N.J, Lawrence Erlbaum, 1981, p. 60-81.

WYER, Robert S. et T. K. SRULL. «Category Accessibility: Some Theoretical and Empirical Issues Concerning the Processing of Social Stimulus Information» *in* E. T. Higgins, C. P. Herman et M. P. Zanna, *Social Cognition: The Ontario Symposium,* vol. 1, Hillsdale, N. J., Lawrence Erlbaum, 1981, p. 161-97.

58. BARGH, John A., W. J. LOMBARDI et E. Tory HIGGINS. «Automaticity of Chronically Accessible Constructs in Person X Situation Effects on Person Perception: It's Just a Matter of Time», *Journal of Personality and Social Psychology,* 55, n° 4, 1988, p. 599-605.

59. ANDERSON, John R. *The Architecture of Cognition,* Cambridge, Mass., Harvard University Press, 1983; COLLINS, Allan M. et Elizabeth F. LOFTUS. «A Spreading-Activation Theory of Semantic Processing», *Psychological Review,* 82, n° 6, 1975, p. 407-28; HIGGINS, Tory E., William S. RHOLES et Carl R. JONES. «Category Accessibility and Impression Formation», *Journal of Social Psychology,* 13, mars 1977, p. 141-54.

NEDUNGADI, P. «Recall and Consumer Consideration Sets: Influencing Choice Without Altering Brand Evaluations», *Journal of Consumer Research,* 17, n° 3, 1990 p. 263-76.

BERGER, Jonah et Gráinne M. FITZSIMONS. «Dogs on the Street, Pumas on Your Feet: How Cues in the Environment Influence Product Evaluation and Choice», *Journal of Marketing Research,* 45, n° 1, p. 1-14.

60. WHITE, Michael. «Toy Rover Sales Soar into Orbit: Mars Landing Puts Gold Shine Back into Space Items», *Arizona Republic,* Juillet 1997, 12A, E1.

61. Adrian C. NORTH, David J. HARGREAVES et Jennifer McKENDRICK, «In-Store Music Affects Product Choice», *Nature,* 390, novembre 1997, p. 132.

62. BERGER, Jonah et Gráinne M. FITZSIMONS. «Dogs on the Street, Pumas on Your Feet: How Cues in the Environment Influence Product Evaluation and Choice», *Journal of Marketing Research,* 45, n° 1, p. 1-14.

63. RIKER, William et Peter ORDESHOOK. «A Theory of the Calculus of Voting», *American Political Science Review,* 62, n° 1, 1968, p. 25-42.

64. BERGER, Jonah, Marc MEREDITH et S. Christian WHEELER. «Contextual Priming: Where People Vote Affects How They Vote», *Proceedings of the National Academy of Sciences,* 105, n° 26, 2008, p. 8846-49.

65. Les détails de cette histoire sont tirés de http://en.wikipedia.org/wiki/Rebecca_Black.

66. ROSEN, Emanuel. *Anatomy of Buzz,* Londres, Profile Books, 2003.

67. BERGER, Jonah et Eric SCHWARTZ. «What Drives Immediate and Ongoing Word-of-Mouth?" *Journal of Marketing,* octobre 2011, p. 869-80.

68. BERGER, Jonah, Alan T. SORENSEN et Scott J. RASMUSSEN. «Positive Effects of Negative Publicity: When Negative Reviews Increase Sales», *Marketing Science,* 29, n° 5, 2010, p. 815-27.

69. KELLARIS, James. «Dissecting Earworms: Further Evidence on the 'Song-Stuck-in-Your Head' Phenomenon», présentation faite en 2003 à la Society for Consumer Psychology.
Voir également http://www.webmd.com/mental-health/news /20030227/ songs-stick-in-everyones-head.

70. BERGER, Jonah et Chip HEATH. «Idea Habitats: How the Prevalence of Environmental Cues Influences the Success of Ideas», *Cognitive Science,* 29, n° 2, 2005, p. 195-221.

71. BERGER, Jonah et Eric SCHWARTZ. «What Drives Immediate and Ongoing Word-of-Mouth?" *Journal of Marketing,* octobre 2011, p. 869-80.

72. http://no-smoke.org/images/02_Bob _14x48.jpg.

73. CIALDINI, Robert B., Petia PETROVA, Linda DEMAINE, Daniel BARRETT, Brad SAGARIN, Jon MANNER et Kelton RHOADS. «The Poison Parasite Defense: A Strategy for Sapping a Stronger Opponent's Persuasive Strength», University of Arizona working paper, 2005.

74. CIALDINI, Robert B. *Influence: Science and Practice,* Needham Heights, Mass., Allyn & Bacon, 2001.

75. ANDERSON, John R. «Retrieval of Propositional Information from Long-term Memory», *Cognitive Psychology*, 6, 1974, p. 451-74; ANDERSON, John R. *The Architecture of Cognition*, Cambridge, Mass., Harvard University Press, 1983.

76. Pour plus de détails sur cette campagne, consulter http://jonahberger.com.

77. BERGER, Jonah et Gráinne M. FITZSIMONS. «Dogs on the Street, Pumas on Your Feet: How Cues in the Environment Influence Product Evaluation and Choice», *Journal of Marketing Research*, 45, nº 1, p. 1-14.

78. Merci à Scott A. Golder qui m'a fourni ces données.

79. GRADY, Denise. «The Mysterious Cough, Caught on Film», *New York Times*, 27 octobre 2008. http://www.nytimes.com/2008/10/28 /science/28cough.html.

   L'article de D. Grady est par ailleurs basé sur: Julian W. TANG et Gary S. SETTLES, «Coughing and Aerosols», *New England Journal of Medicine*, 359, 2008, p. 15.

80. Nous n'avons pas été surpris de constater l'existence de corrélations entre des critères externes aux articles et leur popularité. Ainsi, les articles faisant la une du *Times* et ceux figurant dans la page d'accueil de son site Web ont été plus propagés que les articles des pages intérieures et accessibles en plusieurs clics. Les articles écrits par Bono (du groupe U2) ou l'ancien sénateur Bob Dole ont été plus populaires que des articles écrits par des gens moins connus. Non seulement ces liens ne sont pas surprenants, ils ne sont pas vraiment utiles. Confier à Bono la rédaction d'un article augmentera certainement ses chances de propagation. Mais la plupart des gens n'ont ni les moyens ni les relations qui leur permettraient d'embaucher le célèbre chanteur. C'est pourquoi nous nous sommes strictement concentrés sur les aspects du contenu des articles.

81. BERGER, Jonah et Katherine MILKMAN. «What Makes Online Content Viral», *Journal of Marketing Research*, 49, nº 2, 2012, p. 192-205.

82. KELTNER, D. et J. HAIDT. «Approaching Awe, a Moral, Spiritual, and Aesthetic Emotion», *Cognition and Emotion*, 17, 2003, p. 297-314.

   SHIOTA, M. N., D. KELTNER et A. MOSSMAN. «The Nature of Awe: Elicitors, Appraisals et Effects on Self-concept», *Cognition and Emotion*, 21, 2007, p. 944-63.

83. Citation extraite de S. M. ULAM, Françoise ULAM et Jan MYIELSKI, *Adventures of a Mathematician*, New York, Charles Scribner's Sons, 1976, p. 289.

84. BERGER, Jonah et Katherine MILKMAN. «What Makes Online Content Viral», *Journal of Marketing Research*, 49, nº 2, 2012, p. 192-205.

85. Consulter http://jonahberger.com pour voir la performance de Susan Boyle.

86. PETERS, Kim et Yoshihasa KASHIMA. «From Social Talk to Social Action: Shaping the Social Triad with Emotion Sharing», *Journal of Personality and Social Psychology*, 93, nº 5, 2007, p. 780-97.

87. GODES, Dave, Yubo CHEN, Sanjiv DAS, Chrysanthos DELLAROCAS, Bruce PFEIFFER, et al. «The Firm's Management of Social Interactions», *Marketing Letters*, 16, nᵒˢ 3-4, 2005, p. 415-28.

88. PENNEBAKER, James W., Roger J. BOOTH et Martha E. FRANCIS «Linguistic Inquiry and Word Count: LIWC2007», 2007. Consulté le 14 octobre 2011: http://www.liwc.net/.

PENNEBAKER, James W., Matthias R. MEHL et Katie NIEDERHOFFER. « Psychological Aspects of Natural Language Use : Our Words, Our Selves », *Annual Review of Psychology,* 54, 2003, p. 547-77.

PENNEBAKER, J. W. et M. E. FRANCIS. « Cognitive, Emotional et Language Processes in Disclosure », *Cognition and Emotion,* 10, 1996, p. 601-26.

89. BERGER, Jonah et Katherine MILKMAN. « What Makes Online Content Viral », *Journal of Marketing Research,* 49, n° 2, 2012, p. 192-205.

90. *Ibid.*

91. BARRETT, Lisa Feldman et James A. RUSSELL. « The Structure of Current Affect : Controversies and Emerging Consensus », *Current Directions in Psychological Science,* 8, n° 1, 1999, p. 10-14.

CHRISTIE, I. C. et B. H. FRIEDMAN. « Autonomic Specificity of Discrete Emotion and Dimensions of Affective Space : A Multivariate Approach », *International Journal of Psychophysiology,* 51, 2004, p. 143-53 ; et SCHLOSBERG, H. « Three Dimensions of Emotion », *Psychological Review,* 61, n° 2, 1954, p. 81-88.

92. HEILMAN, K. M. « The Neurobiology of Emotional Experience », *Journal of Neuropsychiatry,* 9, 1997, p. 439-48.

93. BERGER, Jonah. « Arousal Increases Social Transmission of Information », *Psychological Science,* 22, n° 7, 2011, p. 891-93.

94. Pour entendre cette chanson, consulter http :// jonahberger.com.

De plus, on trouvera un compte rendu de l'odyssée de Dave Carroll dans : CARROLL, Dave. *United Breaks Guitars : The Power of One Voice in the Age of Social Media,* Carlsbad, CA, Hay House, 2012.

95. Pour visionner le clip, consulter http ://jonahberger.com.

Les faits décrits proviennent d'une entrevue réalisée avec Anthony Cafaro le 20 juin 2012.

96. Citation de Teressa Iezzi dans « Meet the Google Five », 2010 http ://creativity-online.com/news/the-google-creative-lab/146084.

97. BERGER, Jonah et Katherine MILKMAN. « What Makes Online Content Viral », *Journal of Marketing Research,* 49, n° 2, 2012, p. 192-205.

98. Gary WHITLOCK, Sarah LEWINGTON, Paul SHERLIKER et Richard PETO, « Body-mass Index and Mortality », *The Lancet,* 374, n° 9684, 2009, p. 114.

99. HEATH, Chip, Chris BELL et Emily STERNBERG. « Emotional Selection in Memes : The Case of Urban Legends », *Journal of Personality and Social Psychology,* 81, n° 6, 2001, p. 1028-41.

100. www.attachmentparenting.org.

101. Pour voir la publicité de Motrin, consulter http ://jonahberger.com.

102. LEARMONTH, Michael. « How Twittering Critics Brought Down Motrin Mom Campaign : Bloggers Ignite Brush Fire over Weekend, Forcing J&J to Pull Ads, Issue Apology », *AdAge.com,* 17 novembre 2008. Extrait de http ://adage.com/article/digital/ twittering-critics-brought-motrin-mom-campaign/ 132622.

103. Les informations sur Apple et Steve Jobs proviennent d'un entretien que j'ai mené avec Ken Segall le 15 mai 2012.

Pour de plus amples détails sur le travail de Ken chez Apple, consulter: SEGALL, Ken. *Insanely Simple: The Obsession That Drives Apple's Success,* New York, Portfolio/ Penguin, 2012.

104. BECKER, Gary S. «A Note on Restaurant Pricing and Other Examples of Social Influence on Price», *Journal of Political Economy,* 99, n° 3, 1991, p. 1109-16.

105. CAI, Hongbi, Yuyu CHEN et Hanming FANG. «Observational Learning: Evidence from a Randomized Natural Field Experiment», *American Economic Review,* 99, n° 3, 2009, p. 864-82.

GOLDSTEIN, Noah J., Robert B. CIALDINI et Vladas GRISKEVICIUS. «A Room with a Viewpoint: Using Social Norms to Motivate Environmental Conservation in Hotels», *Journal of Consumer Research,* 35, 2008, p. 472-82.

106. NICKERSON, David W. «Is Voting Contagious? Evidence from Two Field Experiments», *American Political Science Review,* 102, 2008, p. 49-57.

CHRISTAKIS, Nicholas A. et James FOWLER. *Connected: The Surprising Power of Our Social Networks and How They Shape Our Lives,* New York, Little, Brown et Company, 2009.

107. BURNKRANT, Robert E. et Alain COUSINEAU. «Informational and Normative Social Influence in Buyer Behavior», *Journal of Consumer Research,* 2, 1975, p. 206-15.

THALER, Richard. «Watching Behavior Before Writing the Rules», *New York Times,* 12 juillet 2012 (http://www.nytimes.com/2012/07/08/business/behavioral-science-can-help-guide-policy-economic-view.html)

108. PROVINE, R. R. «Contagious Laughter: Laughter Is a Sufficient Stimulus for Laughs and Smiles», *Bulletin of the Psychonomic Society,* 30, 1992, p. 1-4.

109. CIALDINI, Robert B. *Influence et manipulation,* s.l., First, 2004.

110. The findings from Juanjuan's clever paper, as well as assorted statistics about kidney failure and donation, can be found at ZHANG, Juanjuan. «The Sound of Silence: Observational Learning in the U.S. Kidney Market», *Marketing Science,* 29, n° 2, 2010, p. 315-35.

111. Les informations sur les beuveries dans les campus proviennent d'un entretien que j'ai mené avec Koreen Johannessen le 21 juin 2012.

112. WESCHLER, Henry et Toben F. NELSON. «What We Have Learned from the Harvard School of Public Health College Alcohol Study: Focusing Attention on College Student Alcohol Consumption and the Environmental Conditions That Promote It», *Journal of Studies on Alcohol and Drugs,* 69, 2008, p. 481-90.

HINGSON, Ralph, Timothy HEEREN, Michael WINTER et Henry WECHSLER. «Magnitude of Alcohol-Related Mortality and Morbidity Among U.S. College Students Ages 18-24: Changes from 1998 to 2001», *Annual Review of Public Health,* 26, 2005, p. 259-79 et http://www.alcohol101plus.org/downloads/collegestudents.pdf.

113. Les psychologues parlent d'«ignorance pluraliste» pour désigner une situation où la plupart des gens d'un groupe rejettent intérieurement une norme (comme la consommation excessive d'alcool), tout en supposant à tort que les autres l'acceptent, en partie parce qu'ils voient comment les autres se comportent, mais ne lisent pas dans leurs pensées. Voir également à ce sujet : PRENTICE, Deborah A. et Dale T. MILLER. «Pluralistic Ignorance and Alcohol Use on Campus : Some Consequences of Misperceiving the Social Norm», *Journal of Personality and Social Psychology*, 64, n° 2, 1993, p. 243-56.

114. C'est justement pour montrer que l'établissement est populaire que le chef de salle d'un restaurant installe les premiers clients près des fenêtres.

115. McSHANE, Blakely, Eric T. BRADLOW et Jonah BERGER. «Visual Influence and Social Groups», *Journal of Marketing Research*, 2012. Voir aussi GRINBLATT, M., M. KELOHARRJU et S. IKAHEIMO «Social Influence and Consumption : Evidence from the Automobile Purchases of Neighbors», *The Review of Economics and Statistics*, 90, n° 4, 2008, p. 735-53.

116. BERGER, Jonah et Eric SCHWARTZ. "What Drives Immediate and Ongoing Word of Mouth?" *Journal of Marketing Research*, 48, n° 5, 2011, p. 869-80.

117. http://www.cdc.gov/features/cancerandmen/
et
http://www.wcrf.org/cancer_statistics/world_cancer_statistics.php.

118. Pour en connaître davantage sur les débuts et l'évolution du mouvement Movember, consulter le site ca.movember.com et http://billabout.com/get-your-mo-on %E2%80 %A8interview-adam-garone-movember-founder/

119. SCHROEDER, Christine M. et Deborah A. PRENTICE. «Exposing Pluralistic Ignorance to Reduce Alcohol Use Among College Students», *Journal of Applied Social Psychology*, 28, 1998, p. 2150-80.

120. http://en.wikipedia.org/wiki/Hotmail.

121. De tels signes visibles sont particulièrement importants dans des secteurs où la valeur du produit dépend du nombre de personnes qui l'utilisent.

122. GOSLING, Sam. *Snoop : What Your Stuff Says About You*, New York, Basic Books, 2008.

123. MICKLE, Tripp. «Five Strong Years», *Sports Business Daily*, 14 septembre 2009, extrait de http://www.sportsbusinessdaily.com/Journal/Issues/2009/09/20090914/This-Weeks-News/Five-Strong-Years.aspx.

124. CARR, Austin. «Lance Armstrong, Doug Ulman Thought the Livestrong Wristband Would Fail», *Fast Company*, 11 novembre 2011, extrait de http://www.fastcompany.com/article/doug-ulman-didnt-think-the-livestrong-bracelets-would-sell.

125. De nombreuses caractéristiques du bracelet Livestrong ont contribué à son succès. Son prix très abordable (1 $) a fait en sorte que les gens qui n'étaient pas certains de vouloir s'engager dans le mouvement pouvaient en «faire l'essai». Contrairement au ruban rose qui témoigne de l'appui à la lutte au cancer du sein, qu'il faut épingler sur

les vêtements, le bracelet Livestrong pouvait être porté en tout temps, sans qu'on ait à l'enlever pour changer de tenue, aller au lit ou même prendre une douche. Du coup, on risquait moins de l'égarer. La couleur a néanmoins joué un rôle primordial dans la popularité de ce produit.

126. Entretien avec Scott MacEachern, 2006.

127. GELLES, David «E-commerce Takes an Instant Liking to Facebook Button», *Financial Times,* 21 septembre 2010, extrait de http://www.ft.com/cms/s/2/1599be2e-c5a9-11df-ab48-00144feab49a.html.

128. HORNIK, Robert, Lela JACOBSOHN, Robert ORWIN, Andrea PIESSE et Graham KALTON. «Effects of the National Youth Anti-Drug Media Campaign on Youths», *American Journal of Public Health.* 98, n° 12, 2008, p. 2229-36.

129. http://www.riaa.com/faq.php. Consulté le 1er juin 2012.

130. CIALDINI, Robert B., Linda J. DEMAINE, Brad J. SAGARIN, Daniel W. BARRETT, Kelton RHOADS et Patricia L. WINTER. «Managing Social Norms for Persuasive Impact», *Social Influence,* 1, n° 1, 2006, p. 3-15.

131. L'histoire qui suit provient d'un entretien que j'ai mené avec Ken Craig, le 20 février 2012. On peut visionner son clip sur http://jonahberger.com.

132. KAHNEMAN, Daniel et Amos TVERSKY. «Prospect Theory: An Analysis of Decision Under Risk», *Econometrica,* 47, 1979, p. 263-91. Pour une vulgarisation de cette théorie, consulter KAHNEMAN, Daniel. *Thinking, Fast and Slow,* New York, Farrar, Straus et Giroux, 2011.

Plusieurs des scénarios présentés dans ce chapitre sont adaptés des travaux de Richard Thaler sur la comptabilité mentale. THALER, Richard «Toward a Positive Theory of Consumer Choice», *Journal of Economic Behavior and Organization,* 1, 1980, p. 39-60.

THALER, Richard. «Mental Accounting and Consumer Choice», *Marketing Science,* 4, 1985, p. 199-214.

133. ANDERSON, Eric T. et Duncan I. SIMESTER. «Are Sale Signs Less Effective When More Products Have Them?», *Marketing Science,* 20, n° 2, 2001, p. 121-42.

134. Cas adapté de THALER, Richard «Toward a Positive Theory of Consumer Choice», *Journal of Economic Behavior and Organization,* 1, 1980, p. 39-60.

135. BLATTBERG, Robert, Richard A. BRIESCH et Edward J. FOX. «How Promotions Work», *Marketing Science,* 14, n° 3, 1995, p. 122-32.

LATTIN, James M. et Randolph E. BUCKLIN. «Reference Effects of Price and Promotion on Brand Choice Behavior», *Journal of Marketing Research,* 26, n° 3, 1989, p. 299-310.

RAJU, Jagmohan S. «The Effect of Price Promotions on Variability in Product Category Sales», *Marketing Science,* 11, n° 3, 1992, p. 207-20.

ANDERSON, Eric T. et Duncan I. SIMESTER. «Are Sale Signs Less Effective When More Products Have Them?" *Marketing Science,* 20, n° 2, 2001, p. 121-42.

136. INMAN, Jeffrey J., Anil C. PETER et Priya RAGHUBIR. «Framing the Deal: The Role of Restrictions in Accentuating the Deal Value», *Journal of Consumer Research,* 24, juin 1997, p. 68-79.

137. SCHINDLER, Robert M. « Consequences of Perceiving Oneself as Responsible for Obtaining a Discount : Evidence for Smart-Shopper Feelings », *Journal of Consumer Psychology*, 7, n° 4, 1998, p. 371-92.

138. CHEN, S.-F. S., K.B. MONROE et Yung-Chein LOU. « The Effects of Framing Price Promotion Messages on Consumers' Perceptions and Purchase Intentions », *Journal of Retailing*, 74, n° 3, 1998, p. 353-72.

139. McINTYRE, Peter et Julie LEASK. « Improving Uptake of MMR Vaccine », *British Medical Journal*, 336, n° 7647, 2008, p. 729-30.

PEPYS, Mark B. « Science and Serendipity », *Clinical Medicine*, 7, n° 6, 2007, p. 562-78. MNOOKIN, Seth. *The Panic Virus*, New York, Simon and Schuster, 2011.

140. BAIKOUZIS, Constantino et Marcelo O. MAGNASCO. « Is an Eclipse Described in *The Odyssey* ? » *Proceedings of the National Academy of Sciences*, 105, n° 26, 2008, p. 8823-28.

141. BAUMEISTER, Roy F., Liquing ZHANG et Kathleen D. VOHS. « Gossip as Cultural Learning », *Review of General Psychology*, 8, 2004, p. 111-21.

142. KARDES, Frank R. « Consumer Inference : Determinants, Consequences et Implications for Advertising » *in* Andrew A. Mitchell *Advertising Exposure, Memory and Choice*, Hillsdale, N.J., Erlbaum, 1993, p. 163-91.

143. Pour un survol de l'histoire de Jared, consulter http://en.wikipedia.org/wiki/Jared_Fogle.

144. Les informations de cette section proviennent d'un entretien que j'ai mené avec Tim Piper le 18 juin 2012. Pour voir la vidéo *Evolution*, consulter http://jonahberger.com.

145. ETCOFF, Nancy, Susie ORBACH, Jennifer SCOTT et Heidi D'AGOSTINO. *The Real Truth About Beauty : A Global Report*. Consulté le 1ᵉʳ juin 2012 : http://www.scribd.com/doc/16653666/1/ %E2%80%9CTHE -REAL-TRUTH-ABOUT-BEAUTY-A-GLOBAL-REPORT%E2%80%9D.

146. http://www.marketingvox.com/dove_evolution_goes_viral_with_triple_the_traffic_of_super_bowl_spot-022944/ Consulté le 15 mai 2012. Voir également : http://en.wikipedia.org/wiki/Evolution_%28advertisement %29.

147. http://news.bbc.co.uk/2/hi/europe/3579148.stm.

148. Consulter l'émission BBC News, le 19 août 2004, « Jail Sentence for Tutu Prankster ».

149. http://www.worldrecordsacademy.org. « Most Viewed Online Ad : 'Evian Roller Babies' Sets World Record », 2011. Site consulté en mai 2012.

150. http://www.adweek.com. O'LEARY, Noreen. « Does Viral Pay ? », 2010. Site consulté le 21 mai 2011.

151. Pour voir les publicités de Panda, consulter http://jonahberger.com.

152. AKPINAR, Ezgi et Jonah BERGER. « Valuable Virality », document de travail à Wharton, 2012.

153. ALLPORT, Gordon et Joseph POSTMAN. *Psychology of Rumor*, New York, H. Holt and Company, 1947.

154. MY-THUAN, Tran. «A Mix of Luck, Polish», *Los Angeles Times,* 5 mai 2008. Consulter également http://www.cnn.com/video/ ?/video/us/2011/07/05/pkg.wynter.vietnamese.nail.salon.cnn.

155. ARDEY, Julie. «Cambodian Settlers Glaze a Donut Trail», *Daily Yonder,* 18 février 2008. Consulté sur http://www.dailyyonder.com/cambodian-settlers-glaze-donut-trail/2008/02/18/1062.

156. BLEYER, Jennifer. «Dry Cleaners Feel an Ill Wind from China», *New York Times,* 27 avril 2008.

157. http://www.pbs.org/wgbh/amex/murder/peopleevents/p_immigrants.html. Consulté le 10 mars 2012.

158. KLINGER, Jerry, «The Russians Are Coming, The Russians Are Coming», *America Jewish History 1880-1924,* nd. Consulté le 15 mars 2012 sur http://www.jewishmag.com/85mag/usa8/usa8.htm.

159. WATTS, Duncan J., «Challenging the Influentials Hypothesis», *WOMMA Measuring Word of Mouth,* 3, 2007, p. 207.

V ous avez aimé ce livre?

Ces titres pourraient vous intéresser.

Abondamment cité par Jonah Berger dans cet ouvrage, *Le point de bascule* est un livre majeur qui prouve, exemples à l'appui, que contrairement à ce que tout le monde croit, on peut faire courir les foules même si on n'a que de tout petits moyens. Un livre culte!

Le point de bascule
Malcolm Gladwell
339 pages • 17,95 $

Pour créer un effet de bouche à oreille durable, des entreprises comme Red Bull et IKEA font vivre à leurs clients une expérience digne d'être partagée. Comment faire comme elles? Sid Lee nous fournit la réponse.

Le capital conversationnel
B. Cesvet, T. Babinski, E. Alper
210 pages • 26,95 $
20,95 $ version numérique

www.livres.transcontinental.ca